IMMER EIN ASS IM ÄRMEL

Sinnvolle Lückenfüller für den Englischunterricht

Christine Fink

60 Rätsel, Denkanstöße und Spielideen

Verlag an der Ruhr

Impressum

Titel

Immer ein Ass im Ärmel – Sinnvolle Lückenfüller für den Englischunterricht
60 Rätsel, Denkanstöße und Spielideen

Autorin

Christine Fink

Umschlagmotive und Motive im Innenteil

Spielkarten/Hand: © bsd555, Icons: © milosdizajn | alle stock.adobe.com

Druck

AZ Druck und Datentechnik GmbH, Kempten, DE

Verlag an der Ruhr
Mülheim an der Ruhr
www.verlagruhr.de

Geeignet für die Klassen 5–10

ISBN 978-3-8346-4897-6

Inhaltsverzeichnis

Inhaltsverzeichnis

Inhaltsverzeichnis

Vorwort

Liebe Kolleg*innen[1],
in meinen langjährigen Erfahrungen als Englischlehrerin hat sich gezeigt, dass das spielerische Üben einer Fremdsprache nicht nur mehr Lernspaß bedeutet, sondern das Erlernen durch Einsatz der Fantasie, Sprechen und sinnstiftendes Zuhören maßgeblich gefördert wird. Diese Erkenntnis klingt banal und wird doch oft durch die (vermeintliche) Hürde des Lehrplans und mangelnde Ideen gebremst. Nutzen Sie die vorliegenden 60 Lückenfüller immer dann, wenn ...

- Sie noch ca. 10 Minuten Zeit haben, die Sie mal anders (und nicht mit einem „Galgenmännchen") nutzen wollen,
- Ihre Schüler*innen eine Bewegungs-/Aktivierungs-/Entspannungseinheit brauchen,
- Sie lustvolle, sinnstiftende Kommunikation in Ihren Unterricht einbauen wollen.

Dabei ist aus meiner Sicht auch das Nutzen einer Übersetzer-App auf den eigenen Smartphones bei Bedarf sinnvoll, um die Hemmschwelle zum Nachschlagen unbekannter Wörter zu senken.

[1] Der Verlag an der Ruhr legt großen Wert auf eine geschlechtergerechte und inklusive Sprache. Daher nutzen wir das Gendersternchen, um sowohl männliche und weibliche als auch nichtbinäre Geschlechtsidentitäten einzuschließen. Alternativ verwenden wir neutrale Formulierungen.

Der Materialbedarf für die Spiele und Übungen ist durch gekennzeichnet. Für einige werden lediglich Stift und Papier benötigt, sodass die Lückenfüller spontan und problemlos in den Unterricht integriert werden können.

Ich wünsche Ihnen und Ihren Schüler*innen viel Erfolg und Spaß bei der Umsetzung!

Christine Fink

Funny!

1

Curiosities

Darum geht's

Zu vorgegebenen Fragen soll eine lustige oder kuriose Erklärung gefunden werden.

So geht's

Schreiben Sie eine der folgenden Fragen an die Tafel und lassen Sie die Klasse (ggf. in 2er-Teams, dann macht es mehr Spaß) kuriose, lustige, erstaunliche Erklärungen dafür finden. Z. B.:

- *Why is the earth not flat?*
- *What are the eight arms of an octopus for?*
- *How did it come about that the heraldic animal of Scotland is a unicorn?*
- *Why do leaves fall from trees in autumn?*
- *Why is Ironman so strong?*
- *Who invented ice cream and why?*
- *Who invented early rising and why?*
- *To eat an apple keeps you more awake than drinking a cup of coffee. Why?*
- *Sharks pee through their skin. How exactly do they do it and why?*

Variante

Schreiben Sie drei Fragen zur Auswahl an die Tafel.

2

What would you do if ...?

Darum geht's

Fantasie ist gefragt! Was würdest du tun, wenn ...?

eventuell Papier und Stift

So geht's

Die Schüler*innen überlegen sich, was sie tun würden, wenn sie z. B. einen Freiflug ins All gewinnen würden. *What would you do if you won a free flight into space? Where would you fly? What would you do there? Tell us a little funny story.* Die Schüler*innen können ihre Geschichte entweder aufschreiben oder frei erzählen.

Beispiele

- *What would you do if you were a person in your favourite online-game?*
- *How would it be if you could read other person's thoughts?*
- *What would you do if you woke up as an ant?*
- *What would you buy if you won 1 million euros?*
- *What would you do if you became King/Queen of Germany?*
- *What would happen if everybody could fly?*

3

ASHES

Darum geht's

Wer schafft es, aus einem Ausgangswort einen Satz zu bilden? Wer schafft sogar zwei oder drei? Das Ganze ist nämlich gar nicht so einfach! Welcher Satz erhält das Prädikat *most witty?*

eventuell Papier und Stift für jedes 2er-Team

So geht's

Nennen Sie den Schüler*innen ein Ausgangswort. Es sollte nicht zu lang und nicht zu kurz sein, sonst wird die Übung zu schwierig.
Mit den Buchstaben dieses Wortes bilden die Schüler*innen Sätze, deren einzelne Wörter jeweils mit einem Buchstaben des Ausgangswortes beginnen müssen. Teilen Sie die Klasse in Paare ein, so ist es lustiger und kreativer. Geben Sie ein Wort vor, z. B. *Ashes*. Die Paare bilden nun Sätze, deren Wörter mit diesen Buchstaben beginnen. Die Reihenfolge muss dabei nicht zwingend eingehalten werden. Es dürfen unrealistische Sätze sein, je lustiger, desto besser, aber nur grammatikalisch richtige Sätze zählen.

Beispiele zu ASHES: *A smiling elephant sings hallelujah* oder *A super-hero eats sweets.*

Beispiele

- *FISH (Famous idealists say hallo.)*
- *RACE (Running apes can't eat.)*
- *CRINGE (Can really nobody invent good exams?)*

Hinweis

Je länger die Wörter sind, desto schwieriger wird es.

4

Tongue twisters

Darum geht's

Wer kann diese Zungenbrecher möglichst schnell und fehlerfrei nachsprechen?

So geht's

Schreiben Sie einen Zungenbrecher an die Tafel und sprechen Sie ihn einmal vor.
Teilen Sie die Klasse in 2er- oder 3er-Gruppen ein. Die Schüler*innen üben das Nachsprechen in ihren Gruppen und stoppen die Zeit, die jede*r einzelne braucht. Nur fehlerfreie Vorträge dürfen gezählt werden.
Nun werden die Zeiten verglichen. Die drei (oder fünf) Schnellsten treten vor der Klasse gegeneinander an.
Wer einen Fehler macht, muss von vorn beginnen.

Beispiele

- *Fred fed Ted bread, and Ted fed Fred bread.*
- *How many cookies could a good cook cook if a good cook could cook cookies? A good cook could cook as much cookies as a good cook who could cook cookies.*
- *If two witches would watch two watches, which witch would watch which watch?*

5

Find answers!

Darum geht's

Zu verschiedenen Fragen sollen Antworten gegeben werden. Je origineller, desto besser!

eventuell Papier und Stift für jedes 2er-Team

So geht's

Schreiben Sie eine Frage an die Tafel, z. B. *Why did the burglar run into the house?* oder *Where did Tom go after he had bought three rings?* oder auch *Who the f*ck is Alice?*. Die Schüler*innen bilden 2er-Teams und überlegen sich zu zweit eine Antwort, die mindestens fünf Sätze umfassen sollte.

Variante

Alternativ können Sie die Klasse bitten, sich Fragen zu überlegen. Aus diesen Fragen wird dann eine ausgelost, die gestellt wird.

6

What had happened?

Darum geht's

Zu vorgegebenen Antworten sollen die Schüler*innen eine Vorgeschichte erfinden. Für diese gilt: je lustiger und absurder, desto besser! Wem fällt die gelungenste Geschichte ein?

Papier und Stift für jede*n

So geht's

Sie schreiben eine Antwort an die Tafel, z. B. *After John came out of the supermarket, he laughed out loud.*
Oder auch *When Amy entered the classroom, she closed her eyes.*

Die Schüler*innen schreiben nun die Vorgeschichte dazu auf: Was könnte passiert sein? Was sieht oder hört die Person? Wer ist noch beteiligt? In welchem Land, zu welcher Zeit passiert die Geschichte? Was ist sonst noch wichtig, zu wissen?

Beispiele

- *When Louise came home, the cat screamed.*
- *After Ron had eaten the cake, he fell asleep.*

Hinweis

Die Schüler*innen können sich auch paarweise zusammenfinden und die Vorgeschichte zu zweit erfinden.

7

Favourite jokes

Darum geht's

(Fast) alle Schüler*innen haben einen Lieblingswitz, den sie gerne erzählen. Wer schafft es, diesen Witz auf Englisch zu erzählen, und zwar so, dass der Witz lustig bleibt (was gar nicht so einfach ist)?

So geht's

Fordern Sie Ihre Schüler*innen auf, einen ihrer Lieblingswitze auszuwählen und diesen in die englische Sprache zu übersetzen. Betonen Sie dabei, dass der Witz unbedingt lustig bleiben soll. Dabei kommt es also auf die passende Übersetzung, aber auch auf die entsprechende Präsentation und Betonung an. Wer erntet die größten Lacher?

Variante

Die Schüler*innen können sich auch zu zweit zusammentun, dann macht der Spaß am Witz noch mehr Freude.

© sailormoon | Shutterstock.com

Move!

8

Sit down, please!

Darum geht's

Die Klasse muss Ihren Anweisungen folgen, aber nur dann, wenn Sie am Ende der Anweisung *please* sagen.

So geht's

Sie geben Anweisungen, z. B.

❶ *Sit down, please.*
❷ *Stand up, please.*
❸ *Clap your hands, please.*
❹ *Turn around, please.*
❺ *Take out your books, please.*
❻ *Sit down on your table, please.*

Wenn Sie *please* am Ende der Aufforderung weglassen, soll die Klasse dieser Anweisung *nicht* nachkommen. Es gilt also, dem Satz immer bis zum Ende zuzuhören, bevor er ausgeführt oder nicht ausgeführt wird.

Hinweis

Je schneller Sie die Anweisungen hintereinander geben, desto anspruchsvoller wird es für die Klasse, richtig zu reagieren.

Varianten

- ✗ Dieses Spiel kann als Wettspiel gespielt werden (wer falsch reagiert, scheidet aus): Sie geben Anweisungen, die ganze Klasse muss reagieren (und Sie entscheiden als Schiedsrichter*in, wer ausscheidet).
- ✗ Sie können auch durch die Klasse gehen und einzelnen Schüler*innen (z. B. immer den beiden, auf die Sie zeigen, oder den beiden, deren Namen Sie nennen) Anweisungen geben. So ist es für Sie leichter zu überschauen.

9

What is your opinion?

Darum geht's

Die Schüler*innen positionieren sich zu verschiedenen Aussagen, indem sie sich in der Klasse bei *Yes, I agree* oder *No, I don't agree* aufstellen.

So geht's

Eine Seite des Klassenzimmers wird zu *Yes, I agree*, die gegenüberliegende Seite zu *No, I don't agree* erklärt (ggf. kann man auch zwei Schilder aufhängen). Sie treffen nun verschiedene Aussagen, zu denen sich die Schüler*innen entsprechend ihren Ansichten im Raum positionieren. Das können ganz einfache Aussagen sein, wie z. B. *I like sports, I like maths, I like tomatoes, I have green eyes*, kann aber auch differenziertere Themen betreffen.

Beispiele

- *I think that school should start at 9 o'clock.*
- *Younger kids today are naughtier then we were.*
- *I think we all should learn Chinese at school.*
- *I like to spend my pocket-money on clothes.*
- *I think that electing should be able when you are 14.*
- *I think that driving cars should be allowed with 16.*

Variante

Sie können die Schüler*innen auch sprachlich aktiv werden lassen, indem Sie jeweils zwei ihre Meinung begründen lassen (*I think/don't think that school should start at 9 o'clock, because ...*).

10

Frequencies

Darum geht's

Die Schüler*innen positionieren sich zu verschiedenen Aussagen, indem sie sich an einem „Häufigkeitsstrahl" (*always, usually, often, sometimes, seldom, never*) aufstellen.

Karten mit den sechs Häufigkeitswörtern

So geht's

Hängen Sie die sechs Karten mit etwas Abstand in einer Reihe an der Wand oder im Klassenraum verteilt auf. Tätigen Sie anschließend Aussagen, zu denen sich die Klasse entsprechend ihrer Meinung/ihrem Verhalten aufstellt.

Beispiele

- *How often do you check your phone?*
- *How often do you wash up?*
- *How often do you watch films on your phone?*
- *How often do you meet friends?*
- *How often do you play online-games?*
- *How often do you do your homework?*
- *How often do you eat sweets?*
- *How often are you late for school?*
- *How often do you drink coke?*

- *How often do you discuss with your parents?*
- *How often do you do sports?*
- *How often do you argue with you sister/brother?*
- *How often do you listen to your teacher?*
- *How often do you laugh?*
- *How often do you buy new clothes?*

Hinweise

Wenn Sie die Satzstellung des Häufigkeitswortes üben wollen, fragen Sie einzelne Schüler*innen nach der Aufstellung: *Jason, how often do you …?* Die Antwort erfolgt dann mit der richtigen Satzstellung: *I seldom/never/always …*
Sie können die einzelnen Schüler*innen nach der Aufstellung zu ihrer persönlichen Positionierung befragen: *When/where/why …*

always seldom
sometimes often
never usually

11

Colours of clothes

Darum geht's

Ein Spiel, das alle kennen, ist Obstsalat. Auf Englisch ist es dennoch eine gute Bewegungseinheit, die zudem das souveräne Sprechen eines Satzes trainiert. Für Klassen/Gruppen mit wenig Sprecherfahrung und großem Bewegungsdrang genau das Richtige!

So geht's

Bilden Sie einen Stuhlkreis mit einem Stuhl weniger, als Schüler*innen mitspielen. Eine Person steht in der Mitte. Sie sagt: *Everybody with a red shirt must change.* Nun wechseln alle mit rotem T-Shirt den Platz und die Person aus der Mitte versucht, einen der frei gewordenen Plätze zu ergattern. Ist es ihr gelungen, steht eine neue Person in der Mitte. Diese ist nun an der Reihe und wählt ein Kleidungsstück einer anderen Farbe aus.

Variante

In Klassen mit größerem Sprachschatz können sich die Schüler*innen auch weitere Kriterien zum Platzwechsel einfallen lassen, z. B. *Everybody who drank a tea this morning must change* oder *Everybody who likes mushrooms must change.*

Run the words

Darum geht's

Das aktuelle Vokabular wird jeweils in kleinen Gruppen geübt, indem die Vokabeln von einem festen Platz in der Mitte der Klasse auf ein Gruppen-Arbeitsblatt übertragen werden. Dabei geht es um Schnelligkeit und Konzentrationsfähigkeit.

Vokabelliste, Gruppen-Arbeitsblatt für jedes 3er-Team, Stifte, Stoppuhr

So geht's

Teilen Sie die Klasse in kleine Gruppen, z. B. 3er-Gruppen, ein. Achten Sie bei der Einteilung darauf, dass die schwächeren (lese-/schreibschwachen, langsameren) und die stärkeren (gedächtnisstarken, schnelleren) Schüler*innen gut verteilt sind.
Jede Gruppe bekommt einen Gruppentisch zugewiesen, alle Gruppentische befinden sich in gleichem Abstand zu einem Tisch in der Mitte. Auf jedem Gruppentisch liegt ein liniertes Blatt und ein Stift. Auf dem Tisch in der Mitte liegt die von Ihnen vorbereitete Vokabelliste (am besten in mehrfacher Ausfertigung, um Gedrängel zu vermeiden) mit den aktuellen Vokabeln aus (Englisch – Deutsch oder Deutsch – Englisch).

Auf los geht's los, die Stoppuhr wird gestartet. Der*die Erste jeder Gruppe läuft zur Vokabelliste, merkt sich die erste Vokabel (Deutsch und Englisch), läuft zum Gruppentisch zurück und notiert die Vokabel und ihre Übersetzung auf dem Gruppen-Arbeitsblatt. Sobald der Stift wieder liegt, läuft der*die Nächste der Gruppe los, merkt sich die zweite Vokabel, läuft zurück zum Gruppentisch und notiert die Vokabel auf dem Gruppen-Arbeitsblatt unter der ersten. Das wird so lange wiederholt, bis alle Vokabeln der ursprünglichen Liste übertragen sind.

Erst wenn wirklich alle Vokabeln übertragen sind, ruft die Gruppe *Finished!* und erfährt von Ihnen die benötigte Zeit. Es wird gespielt, bis alle Gruppen die Aufgabe beendet haben. Dann werden die Vokabellisten der Gruppen untereinander ausgetauscht und von einer gegnerischen Mannschaft auf Richtigkeit und (ganz wichtig!) korrekte Schreibweise kontrolliert. Pro falsch geschriebenem Wort gibt es eine Zeitstrafe in Form von 2 Sekunden.

Hinweis

Je nach Klassenstärke, Platz im Klassenraum und Sozialgefüge der Klasse können Sie die Gruppengrößen variieren. Für manche Klassen sind 2er-Gruppen besser, in manchen Klassen sind auch 5er-Gruppen für dieses bewegte Vokabeltraining denkbar.

13

Horse race

Darum geht's

Alle Schüler*innen werden zu Pferd und Reiter*in und erleben unter Einsatz ihres Körpers und ihrer Stimme ein spannendes Pferderennen, bei dem jede*r gewinnt – vor allem auch der Spaß.

So geht's

Horse race ist ein lustiges Bewegungsspiel, das maßgeblich von der engagierten Art des Vortrags getragen wird.
Alle Schüler*innen setzen sich aufrecht auf ihre Stühle. Achten Sie darauf, dass alle ausreichend Bewegungsfreiheit nach vorn und zu den Seiten haben. Sie (oder ein*e Schüler*in) übernimmt die Rolle des*der mitreißenden Übertragenden und leitet an:
The horses are coming to the racetrack. ➡ Hände klatschen ruhig auf die Oberschenkel
The audience is applauding. ➡ in die Hände klatschen
The horses are going to their start boxes and calm down.
➡ langsames Klatschen auf die Oberschenkel, nach und nach damit aufhören
Ready, steady, go! The horse race starts! ➡ mit den Händen eine Pistole imitieren, das Startgeräusch machen, dann mit den Händen schnell auf die Oberschenkel klatschen

The horses are running. ➡ mit den Händen schnell auf die Oberschenkel klatschen
The audience is cheering. ➡ Hände nach oben, jubeln
The horses are running over a bridge. ➡ mit den Fäusten auf die Brust schlagen, danach wieder auf die Oberschenkel
Here comes a left curve! ➡ Körper nach links neigen, weiter mit den Händen auf die Oberschenkel klatschen
Straight on! ➡ wieder gerade sitzen
The horses are jumping over an obstacle. ➡ beim „Sprung" die Hände hochreißen
The audience is cheering. ➡ Hände nach oben, jubeln
Here comes a right curve! ➡ Körper nach rechts neigen, weiter mit den Händen auf die Oberschenkel klatschen
And a double-obstacle! ➡ 2-mal hintereinander die Hände hochreißen
Straight on! ➡ wieder gerade sitzen
The audience is waving. ➡ winken
Oh, here the track is muddy! ➡ Schmatzgeräusche
And another left curve. ➡ Körper nach links neigen, weiter mit den Händen auf die Oberschenkel klatschen
Straight on! The horses are running on the finish. ➡ so schnell wie möglich auf die Oberschenkel klatschen
ten metres to go – nine, eight, seven … ➡ alle zählen gemeinsam runter, klatschen dabei schnell auf ihre Oberschenkel

The audience is cheering! ➡ Hände nach oben, jubeln
The horses are getting the finish line! Photo finish picture!
➡ lächeln und damit kurz einfrieren
The race is over! Number three won. ➡ Arme hochreißen, Victory-Zeichen machen
That was an amazing and exciting horse race. See you next time! ➡ winken

Hinweis

Das „Rennen“ ist natürlich variabel gestaltbar. Weitere Elemente (Wassergraben, Sturz, Buhrufe, Zuschauerfotos usw.) sind möglich und ganz Ihrer Fantasie überlassen.

Attention, please!

What is the missing word?

Darum geht's

Der aktuelle Lesetext wird geübt, indem Sie ihn vorlesen und einzelne Wörter auslassen, die dann von der Klasse (aufgrund ihrer Textkenntnis oder des Kontextes) erraten werden sollen.

aktueller Lesetext, Karteikarten mit einem Fragezeichen (Anzahl der Karteikarten ist abhängig von den Leerstellen im Text)

So geht's

Lesen Sie einen aktuellen Lesetext z. B. aus dem Schulbuch vor. Lassen Sie dabei einzelne Wörter weg (Schlüsselwörter, neue Wörter, schwierige Wörter) und heben stattdessen eine Karteikarte mit einem Fragezeichen hoch. Wer das fehlende Wort ergänzen kann, erhält die Karteikarte.

Hinweis

Je nach Lebhaftigkeit der Klasse können Sie das Reinrufen der Lösung gestatten oder aber Sie legen fest, dass die Melderegel gilt.

Variante

Die Kreativen unter Ihnen können auch eine freie Geschichte erzählen, bei der die *missing words* dann nur aus dem Zusammenhang erraten werden müssen – hier könnte man dann alles gelten lassen, was inhaltlich passt, und somit gleichzeitig auch die Kreativität der Klasse anregen.

Lesen Sie einen aktuellen ? z.B. aus dem Schulbuch vor. Lassen Sie dabei einzelne Wörter weg (?, neue Wörter, schwierige Wörter) und heben stattdessen eine ? mit einem ? hoch. Wer das fehlende Wort ergänzen kann, erhält die Karteikarte.

Zettel: © Flas100 | Shutterstock.com

15

Is it true that ...?

Darum geht's

Stellen Sie Thesen zu Sachverhalten auf, die entweder richtig oder falsch sind. Die Klasse positioniert sich zu dieser These durch Daumenzeichen.

So geht's

Überlegen Sie sich Alltagsthesen. Formulieren Sie dazu *Is it true that …?*-Sätze. Die Schüler*innen heben ihren Daumen zur Zustimmung oder senken ihn zur Ablehnung. Jede*r zählt für sich, wie oft er*sie richtig liegt (am besten die Frage notieren). Wer zuerst fünf Richtige hat, hat gewonnen.

Beispiele

Is it true that …

- *… in autumn all trees lose their leaves? (No, evergreens don't.)*
- *… on the flag of Canada there is a leaf? (True)*
- *… strawberries aren't berries but nuts? (True)*
- *… penguins can't fly? (True)*
- *… the alphabet has 24 letters? (No, 26 letters)*
- *… you can't sneeze with your eyes open? (True)*
- *… the smallest bird in the world is the* Kolibri*? (True)*

- *... that the smallest bones of a person are in the little toe? (No, in the ear)*
- *... elephants stand while sleeping? (True)*
- *... Jesus was born in Bethlehem? (True)*
- *... smurfs are green? (No, blue)*
- *... condescending has five syllables? (No, four)*
- *... a camel has got two humps? (True)*
- *... Donald Duck is always lucky? (No, he is always unlucky. Gustav Gans – English: Gladstone Gander – is always lucky.)*
- *... the K2 is the highest mountain of Europe? (No, it's the Montblanc.)*
- *... Germany has 16 federal states? (True)*

Variante

Es sind auch Thesen zum aktuellen Englischthema denkbar, z. B. inhaltlich zur aktuellen Lektüre oder grammatisch zu den drei Verbformen:
Is it correct?
do – did – done? (Yes)
come – came – came? (No)
...

16

Short stories

Darum geht's

Diese Übung trainiert das Hörverstehen der Klasse. Sie lesen eine Kurzgeschichte vor und stellen anschließend Fragen dazu.

englische Kurzgeschichten (davon gibt es zahlreiche als Bücher, E-Books oder im Internet, dort z. T. sogar vorgelesen.)

So geht's

Lesen Sie eine Kurzgeschichte vor.
Stellen Sie anschließend Fragen dazu, die Sie sich ausdenken.
Nutzen Sie dazu die W-Fragen *(Who? What? When? Why?*).

Variante

In fortgeschrittenen Klassen können die Fragen zur Geschichte auch durch die Schüler*innen gestellt werden. Die*der Fragende nimmt jemanden dran; dieser wiederum stellt selbst eine neue Frage oder nimmt jemanden dran, der sich meldet, um eine Frage zu stellen.

17

The sixth letter

Darum geht's

Die Schüler*innen müssen genau buchstabieren und schnell zählen.

So geht's

Nennen Sie ein beliebiges Wort oder auch eins aus dem aktuellen Lernwortschatz. Nennen Sie außerdem die Position des Buchstabens, den die Schüler*innen bestimmen sollen, z. B. „Wie lautet der sechste Buchstabe des Wortes *letter*?". Die Klasse buchstabiert leise für sich. Wer die Antwort weiß, ruft den Buchstaben rein und darf das nächste Wort sowie die Stelle des gesuchten Buchstabens bestimmen.

Variante

In Klassen mit viel Unruhepotenzial empfiehlt es sich nicht, den Buchstaben reinrufen zu lassen. In diesem Fall kann man die Schüler*innen sich in zwei Gruppen aufstellen lassen und es treten jeweils die zwei vordersten Schüler*innen gegeneinander an. Die Siegermannschaft erhält 1 Punkt. Beide Schüler*innen sind dann die nächsten, die das Wort (Verlierer*in) und die Stelle des gesuchten Buchstabens (Gewinner*in) auswählen.

18

In – on – under – behind – in front of

Darum geht's

Verschiedene Gegenstände aus der Schultasche müssen in, auf, unter, hinter oder vor eine Sache gelegt werden.

Gegenstände aus der Schultasche, z. B. Mäppchen, Radiergummi, Bleistift, Buch, Heft usw. sowie Tisch und Stuhl

So geht's

Sie geben Anweisungen, wohin die verschiedenen Dinge gelegt werden sollen. Durch die Schnelligkeit der Anweisungen ist der Schwierigkeitsgrad variierbar.

Put your ...

- *... rubber on(to) the desk.*
- *... pencil behind the rubber.*
- *... book under the chair.*
- *... rubber in(to) your pencil case.*
- *... pencil case under the chair on(to) the book.*
- *... chair on(to) the table.*
- *... book under the table.*
- *... chair in front of the table.*
- *... pencil case on(to) your table.*
- *... pencil behind your pencil case.*

Hinweis

Es empfiehlt sich, dieses Spiel nicht als Wettbewerb zu spielen, da es sehr schwierig ist, genau festzustellen, wer nach jeder Aussage Erste*r war. Stellen Sie klar: Es geht nur um den Spaß.

Variante

- Sie geben fünf (zuvor aufgeschriebene) Anweisungen relativ schnell nacheinander und schauen am Ende, wer es überhaupt geschafft hat, alle Anweisungen richtig zu befolgen. Diese Aufgabe kann auch an die Klasse abgegeben werden, indem Sie allen Schüler*innen zu Beginn der Spielzeit 3 Minuten Zeit geben, sich fünf Anweisungen aufzuschreiben. So können mehrere Runden unter Leitung verschiedener Klassenmitglieder gespielt werden.

19

Read fast

Darum geht's

Eine Wörterliste soll so schnell wie möglich gelesen werden. Dabei tritt man nicht nur gegen die Mitschüler*innen, sondern auch gegen sich selbst an.

Stoppuhr

So geht's

Sammeln Sie an der Tafel fünfzehn bis zwanzig (oder auch mehr) Wörter und schreiben Sie diese untereinander in zwei bis drei Spalten auf. Es kann sich dabei um den Lernwortschatz, um kurze, häufig vorkommende Wörter oder auch um bunt gemischte, von der Klasse vorgegebene Wörter handeln. Auch die drei Zeitformen können so gut eingeschliffen werden (dann sind es in jeder Zeile drei Wörter: z. B. *do – did – done*).

In der ersten Runde liest jede*r die Wörter der Reihe nach so schnell wie möglich vor. Die Zeit wird gestoppt und notiert.

Im zweiten Durchgang sind die meisten Schüler*innen schneller, da sie die Wörter vielfach gehört und (mit-)gelesen haben. Die Zeiten der zweiten Runde werden ebenfalls gestoppt und notiert.

Am Ende gibt es zwei Gewinner*innen: Wer hat die Wörter am schnellsten gelesen? Und: Wer hat sich am deutlichsten verbessert?

Hinweis

Die Sorge, dass Schüler*innen in der ersten Runde schummeln und absichtlich langsam lesen, sobald sie das Spiel verstanden haben, ist berechtigt, aber in meiner langjährigen Erfahrung mit diesem Spiel irrelevant – ggf. kann man auch an die Fairness jeder*jedes Einzelnen appellieren. Zudem ist der eigene Ehrgeiz, bereits in der ersten Runde eine gute Zeit zu schaffen, meist groß. Auf der anderen Seite ermöglicht dieses Spiel auch schwächeren Schüler*innen einen Erfolg beim Rennen gegen sich selbst und hat sich deshalb in meinen Klassen als beliebter Lückenfüller bewährt.

20

Days of the week

Darum geht's

Die Schüler*innen üben spielerisch die richtige Abfolge der englischen Wochentage. Um den Wettbewerbscharakter zu stärken, versuchen sie gleichzeitig, bei jedem Durchgang schneller zu sein als bei den vorangegangenen Übungen.

Stoppuhr

So geht's

Innerhalb der Klasse wird eine Spiel-Reihenfolge festgelegt, z. B. in Tischreihen. Auf los geht's los: Ein*e Schüler*in beginnt, indem er*sie einen Tag für „gestern" festlegt. Er*sie sagt also z. B. *Yesterday was Tuesday*. Die nächste Person in der Reihenfolge ergänzt das „Heute": *Today is Wednesday*. Die darauffolgende Person schließt mit dem „Morgen" ab: *Tomorrow will be Thursday*. Haben es alle drei richtig gemacht, sagt die*der nächste Spieler*in: "That's correct." bzw. "That's not correct, because ..." Das bedeutet, dass gut aufgepasst werden muss! Dann sind die nächsten drei Schüler*innen dran. Sie müssen natürlich einen anderen Wochentag als Ausgangspunkt wählen. Hat die letzte Person ihren Satz beendet, wird die Zeit gestoppt.

Konnte die gesamte Klasse einen neuen Rekord aufstellen? Und wird sie nächste Stunde schneller sein als heute?

Variante

Dieses Spiel geht natürlich genauso mit Monaten:
Last month was … this month is … next month will be …

21

An ABC-story

Darum geht's

Eine gemeinsame Geschichte wird Schüler*in für Schüler*in, Satz für Satz entwickelt. Einzige Vorgabe ist der Anfangsbuchstabe des jeweiligen Satzes.

So geht's

Die ganze Klasse erzählt gemeinsam eine Geschichte. Jede*r Schüler*in trägt einen Satz dazu bei. Die einzige Vorgabe dabei ist es, dass das Anfangswort jedes neuen Satzes mit aufeinanderfolgenden Buchstaben des Alphabets beginnen soll. Der erste Satz beginnt also mit A, der zweite mit B usw.

Beispiele

- ***A**t night Tim Cooper sometimes sleepwalks.*
  ***B**efore he was 10, he didn't do that.*
  ***C**an you imagine, why?*
  ***D**anny Cooper, his brother, …*

oder:

- ***A** thief wanted to break into Miller's house.*
  ***B**efore he went there, he made a plan.*
  ***C**indy, his girl-friend, helped him.*
  *'**D**ynamite, we need dynamite', she said.*

Riddles and games

22

Who is it?

Darum geht's

Personen und Berufe werden anhand einer Beschreibung erraten.

So geht's

Sie (oder ein*e Schüler*in) lesen eine der unten stehenden Beschreibungen vor und fragen in die Klasse: *Who is it?* Alternativ kann sich die Klasse eigene Beschreibungen ausdenken. Insbesondere die Mischung aus Berufen, Verwandten, Tieren und Berühmtheiten macht das Spiel spannend, da die Schüler*innen beim Raten erst einmal nicht wissen, in welche Richtung sie denken sollen.
Immer zwei Schüler*innen (Tischnachbar*innen) treten gegeneinander an: Wer rät schneller?

Beispiele

- *He or she is a person who cooks meals in a restaurant.* (➡ *cook*)
- *He was the first dark-skinned president of the US.* (➡ Barack Obama)
- *I see her or him when I am ill.* (➡ *doctor*)
- *It's a very young child.* (➡ *baby*)
- *He is your mother's father.* (➡ *granddad/grandfather*)

- *She or he is a person who drives a taxi.* (➡ *taxi-driver*)
- *He or she is a person who goes sightseeing in a town or country.* (➡ *tourist*)
- *She is your father's daughter, but not you.* (➡ *sister*)
- *He is a duck and always unlucky.* (➡ Donald Duck)
- *It has four legs and barks.* (➡ *dog*)
- *He is a person who brings letters to you.* (➡ *postman*)
- *He is the main person of a story with wizards and witches. The story takes place in Hogwarts.* (➡ Harry Potter)
- *It's an animal and can fly.* (➡ *bird*)
- *He is a former US-president of the Republican Party. He wanted to build a wall to Mexico.* (➡ Donald Trump)
- *She is your mother's sister.* (➡ *aunt*)
- *It is small and has eight legs.* (➡ *spider*)
- *She is captured in a huge tower and has long hair.* (➡ Rapunzel)
- *She was the chancellor of Germany for sixteen years.* (➡ Angela Merkel)
- *He is a duck and always lucky.* (➡ Gustav Gans, auf Englisch: *Gladstone Gander*)
- *He is your father's brother.* (➡ *uncle*)
- *She lived with seven dwarfs.* (➡ Schneewittchen, auf Englisch: *Snow White*)
- *He composed the famous 5th symphony.* (➡ Beethoven)

23

Odd word out

Darum geht's

Vier Wörter – und eins davon gehört nicht dazu. Wer kann begründen, warum?

Papier und Stift für jede*n

So geht's

Führen Sie das Spiel ein: *I tell you four words. One word is different from the rest. You must choose which is the odd word. You have to give a reason for your answer.*

Beispiele

- *strawberry – pineapple – mango – carrot*
  (Carrot is a vegetable, the rest are fruits.)
- *Italy – France – Morocco – America*
  (America is a continent, the rest are countries.)
- *magazine – newspaper – radio – letters*
  (Radio is not made of paper.)
- *truck – train – subway – highway*
  (Highway is not a form of transport.)
- *rain – information – money – cars*
  (Cars are countable, the rest is uncountable.)
- *lightning – storm – rain – autumn*
  (Autumn is a season, the rest are types of weather.)

- *dolphin – crocodile – dog – elephant*
  (The crocodile is a reptile, the rest are mammals.)
- *soccer – rugby – wrestling – volleyball*
  (Wrestling is without a ball.)
- *secretary – teacher – woman – nurse*
  (A woman is a gender; the rest are jobs.)
- *soda – coke – beer – bread*
  (Bread is something to eat, the rest is to drink.)
- *bird – plane – horse – balloon*
  (A horse can't fly.)
- *dress – hat – bag – shirt*
  (You don't wear a bag.)
- *sister – grandma – aunt – uncle*
  (The uncle is male, the rest is female.)
- *first – three – nine – ten*
  (First is an ordinal number.)
- *good – kind – nice – angry*
  (Angry is not a friendly behavior.)
- *jump – write – red – swim*
  (Red is a colour, the rest are activities.)

Hinweis

Sie können die Klasse entweder bitten, das *odd word* und die Begründung zu notieren, oder aber Sie führen das Spiel mündlich durch.

24

What is it?

Darum geht's

Zwei Schüler*innen müssen versuchen, einen Gegenstand im Raum zu erraten, auf den sich die Klasse in ihrer Abwesenheit zuvor geeinigt hat.

So geht's

Zwei Freiwillige gehen vor die Tür. Die Klasse einigt sich auf einen Gegenstand, dessen englische Bezeichnung bekannt ist. Die beiden Schüler*innen werden wieder hereingerufen. Nun dürfen sie Fragen zum gesuchten Gegenstand stellen. Diese dürfen nur mit *yes* oder *no* beantwortet werden. Dabei können die beiden zunächst versuchen, allgemeine Hinweise zu erhalten, z. B. *Is it smaller than our English book? Is it in this side of the room? Does it hang at the wall? Does it belong to a pupil?* Wer von beiden errät schließlich, worum es sich handelt?

Variante

Alternativ können die beiden als Team gegen die Klasse spielen: Schaffen sie es, den Begriff innerhalb von zwölf Fragen zu erraten, haben sie gewonnen. Schaffen sie es nicht, hat die Klasse gewonnen.

25

Draw and guess!

Darum geht's

Spielen Sie mit Ihrer Klasse eine Runde „Montagsmaler"! Welches Team errät die meisten gezeichneten englischen Begriffe?

2 oder 3 Karteikarten oder auf DIN A7 geschnittene Blätter pro Schüler*in, Tafel und genügend Kreide, Stoppuhr

So geht's

Jede*r Schüler*in erhält zwei oder drei Karteikarten und beschriftet sie mit englischen Nomen, und zwar Gegenständen, die abbildbar sind (keine Namen, keine abstrakten Begriffe). Teilen Sie Ihre Klasse in zwei Gruppen ein. Jede Gruppe legt alle von ihr verfassten Karteikarten auf je einen Stapel. Beide Stapel werden eingesammelt. Gruppe B spielt mit dem Stapel von Gruppe A und umgekehrt: Der Stapel der Gruppe A wird bereitgelegt, die Gruppe B beginnt: Die Stoppuhr wird auf 5 Minuten gestellt und gestartet. Die*der erste Schüler*in von Gruppe B geht nach vorn, nimmt sich die erste Karte und beginnt, den Gegenstand an die Tafel zu zeichnen. Dabei gelten folgende Regeln: Es dürfen keine Wörter oder Buchstaben geschrieben werden und es gibt auch keine mündlichen Erklärungen.

Der Rest der Gruppe B muss erraten, was dort an die Tafel gezeichnet wird. Ist das Wort erraten, läuft der*die nächste Schüler*in der Gruppe B nach vorn (der*die erste Zeichnende setzt sich wieder auf seinen*ihren Platz und rät im Folgenden mit), nimmt sich die nächste Karte und beginnt wiederum, sein*ihr neues Wort an die Tafel zu zeichnen.
Nach 5 Minuten ist die Zeit abgelaufen, die Anzahl der erratenen Begriffe wird gezählt. Die Teams tauschen, nun ist Gruppe A an der Reihe und verfährt wie oben beschrieben mit den Begriffen, die von Gruppe B aufgeschrieben wurden. Welches Team errät die meisten Begriffe?

Beispiele

- *adult*
- *Africa*
- *baby*
- *banana*
- *bear*
- *bike*
- *boat*
- *bread*
- *cake*
- *chicken*
- *corner*
- *dog*
- *donkey*
- *eagle*
- *elephant*
- *exercise book*
- *family*
- *firefighter*
- *fruit*
- *goldfish*
- *grandma*
- *guitar*

- *hospital*
- *ice cream*
- *kitchen*
- *magazine*
- *market*
- *musician*
- *newspaper*
- *pencil*
- *present*
- *school*
- *sharpener*
- *shoes*
- *shop*
- *shoulder*
- *street*
- *table*
- *ticket*
- *vegetables*
- *water*
- *zoo*

Searching for the right verb

Darum geht's

In Kleingruppen muss zu verschiedenen Nomen ein passendes Verb als Oberbegriff gefunden werden.

eventuell Papier und Stift für jede*n

So geht's

Teilen Sie die Klasse in Kleingruppen zu je drei bis fünf Schüler*innen ein. Jede Gruppe benötigt einen Zettel und einen Stift. Nennen Sie mehrere sinnverwandte Nomen. Alle Gruppen müssen ein Verb finden, das zu allen diesen Nomen passt. Sie haben 30 Sekunden Zeit, sich auf ein Verb zu einigen und es zu notieren. Dann kommt die nächste Nomengruppe mit dem nächsten Verb.
Die Auflösung erfolgt hinterher, indem Sie die jeweilige Nomengruppe noch einmal wiederholen, die Gruppen ihr Verb vorstellen und (auf Englisch) begründen, weshalb ihr Verb zur Nomengruppe passt.

Hinweis

Man kann dieses Spiel auch mündlich spielen, indem die Schüler*innen ihren Oberbegriff hereinrufen dürfen. So wird jedoch der Austausch über eine richtige Lösung innerhalb der Kleingruppe eher verhindert.

Beispiele

- *plate – hair – hands (to wash)*
- *book – mails – newspaper (to read)*
- *candle – lamp – stars (to shine)*
- *cards – ball – soccer (to play)*
- *tea – water – milk (to drink)*
- *t-shirt – socks – skirt (to wear)*
- *pizza – bread – sweets (to eat)*
- *horse – bike – motorcycle (to ride)*
- *money – credit-card – euros (to pay)*
- *pen – ball-pen – pencil (to write)*
- *sea – lake – pool (to swim)*
- *story – joke – lies (to tell)*
- *vocabulary – poem – grammar (to learn/ to practice)*
- *TV – Youtube – movies (to watch)*
- *bird – song – musical (to sing)*
- *posters – stamps – art (to collect)*
- *door – tin – window (to open)*
- *animals – a baby – pets (to feed)*
- *music – teacher – message (to listen)*
- *breakfast – dinner – lunch (to eat)*

What is green?

Darum geht's

Die Klasse findet in Kleingruppen möglichst viele Gegenstände, die zu einem vorgegebenen Adjektiv passen, und umgekehrt.

Papier und Stift für jede Gruppe

So geht's

Teilen Sie die Klasse in Kleingruppen zu fünf oder sechs Schüler*innen ein.
Nennen Sie jeder Kleingruppe leise ihren Auftrag (z. B. *What's green?*). Jede Kleingruppe erhält einen anderen Auftrag und hat ein paar Minuten Zeit, eine Liste mit Gegenständen zu erstellen, die diese Eigenschaft erfüllen.
In der nächsten Phase liest jede Kleingruppe ihre Liste vor. Welche der anderen Gruppen errät zuerst, um welche Eigenschaft es sich handelt?

Beispiele

- *What's beautiful?*
- *What's black?*
- *What's cold?*
- *What's delicious?*
- *What's dirty?*
- *What's dry?*
- *What's easy?*
- *What's fast?*
- *What's new?*
- *What's noisy?*
- *What's round?*
- *What's slow?*
- *What's soft?*
- *What's sweet?*
- *What's wet?*
- *What's yellow?*

28

Let's create a quiz!

Darum geht's

Die Klasse erstellt selbst ein Quiz zu einem vorgegebenen Themenbereich und spielt es.

10–15 Karteikarten oder zugeschnittenes Papier im DIN-A7-Format pro Gruppe, Stifte

So geht's

Teilen Sie die Klasse in 5er-Gruppen ein. Die Gruppen erstellen zum aktuellen Englisch-Thema, z. B. London, Irland ..., Quizfragen und schreiben diese auf Karteikarten. Jede Gruppe erhält dafür 10–15 Karten zum Beschriften.
Nun startet die erste Gruppe mit ihrem Quiz. Sie stellt nacheinander ihre Fragen und die Gruppe, die die richtige Antwort als Erstes geben kann, erhält die Karte. So werden alle Quizfragen durchgearbeitet. Welche Gruppe hat am Ende die meisten Fragen am schnellsten und richtig beantwortet?

Beispiel

Sie können Ihrer Klasse auch die folgenden Quizfragen zum Thema „London“ stellen:

- *What's the name of the river in London? (Thames)*
- *What is "Madame Tussaud's"? (a wax museum)*
- *What colour do the double-decker busses in London have? (red)*
- *What's the name of the big bell in the clock tower of Westminster? (Big Ben)*
- *Who performed plays in the Globe theatre? (Shakespeare)*
- *Where do the debates of the Parliament take place? (Palace of Westminster)*
- *What's the name of the flag that flies when the queen is at home? (Royal Standard flag)*
- *What's the London home of the British queen or king? (Buckingham Palace)*
- *What's the name of a tourist attraction where you can see London from above? (London Eye)*
- *Can tourists visit the Buckingham palace? (Yes, parts of it, between July and October)*
- *What's the name of the famous big church in London? (St Paul's Cathedral)*
- *Where are the Crown Jewels? (in the Tower of London)*
- *How many glass capsules does the London Eye have? (32)*
- *Who meets at the Houses of Parliament? (the government)*

- *What's the nick-name for a large oval office building? (the "Gherkin")*
- *What's the name of the most famous bridge in London? (Tower Bridge)*
- *What's the name of the London chamber of horrors? (the "London Dungeon")*
- *What's the name of the most famous, huge intersection in London? (Piccadilly Circus)*
- *Name two underground stations of London. (p. e. Oxford Circus, Victoria, King's Cross)*
- *How do the Londoners call their underground? (Tube)*
- *What colour do taxis in London have? (black)*
- *What problems does London have? Name one. (p. e. traffic, crime, pollution)*
- *What's the name of the biggest park in the centre of London? (Hyde Park)*
- *Where are queens and kings crowned? (in Westminster Abbey)*

29

What is the question?

Darum geht's

Zu einer Antwort sollen in 2er-Teams möglichst kreative Fragen formuliert werden.

So geht's

Schreiben Sie einen Antwortsatz an die Tafel, z. B. *Tomorrow morning at six o'clock*. Die Schüler*innen denken sich in 2er-Teams (oder auch zu dritt) passende Fragen dazu aus, z. B. *When will you do your homework? When can I come for breakfast? What's the best time for a party?* Jede Gruppe präsentiert anschließend eine ihrer Fragen. Welche Frage kommt am besten an? In der ersten Runde werden die meisten Fragen womöglich noch relativ alltäglich sein, aber Sie werden sehen, wie ansteckend Kreativität und Spaß an lustigen Fragen sein kann!

Beispiele

- *Yes, I do.*
- *We don't know.*
- *About 90 minutes.*
- *More than 100 kilometres.*
- *Far, far away.*
- *No, I don't want to.*
- *Twice a day.*
- *Exactly 3 000 grams.*
- *It's the other one.*
- *Yes, that's absolutely correct!*
- *No, it didn't start yet.*
- *The colour is red.*
- *One metre ninety-one.*
- *No, it's not difficult.*

30

Hidden words

Darum geht's

Die Schüler*innen erstellen ihr eigenes Buchstabenrätsel und tauschen es mit dem*der Nachbar*in.

kariertes Papier und Stift für jede*n

So geht's

Die Schüler*innen befüllen ein 10 x 10 cm großes Quadrat auf ihrem Blatt mit Suchwörtern, indem sie diese Buchstabe für Buchstabe in die Kästchen des Blattes eintragen. Die Suchwörter werden auch auf der Rückseite oder unter dem Quadrat notiert, sodass man weiß, welche Wörter zu suchen sind.
Der Rest der Felder wird mit Buchstaben aufgefüllt, sodass die Wörter im Buchstabengewirr versteckt sind.
Die Schüler*innen tauschen nun ihre Rätsel mit ihrem*ihrer Nachbar*in und versuchen, die versteckten Wörter zu finden.

Hinweis

In der Regel macht es Sinn, die aktuellen Lernwörter verstecken und suchen zu lassen.

Geben Sie je nach vorhandener Zeit die Anzahl der Suchwörter (und ggf. auch die Größe des Buchstabenfeldes) vor. Legen Sie vorab fest, welche Suchrichtungen gültig sind: nur senkrecht und waagerecht oder auch diagonal oder rückwärts.

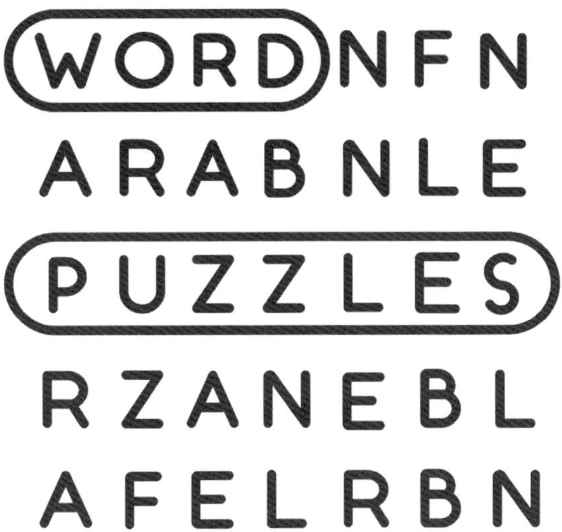

31

Limericks

Darum geht's

Ein Limerick wird immer von zwei Schüler*innen gemeinsam auswendig vorgetragen – welche Gruppe schafft es am flüssigsten?

So geht's

Auswendig gelernte Gedichte bleiben oft lange hängen. Gemeinsames Auswendiglernen und Vortragen kann zudem großen Spaß machen. Limericks mit ihrer besonderen Reimform AABBA und ihrem oft skurrilen Ende sind besonders in ihrem Entstehungsland England bekannt.

Die Klasse arbeitet für dieses Spiel in 2er-Teams. Schreiben Sie einen Limerick an die Tafel, der von jeder Gruppe auswendig gelernt werden soll. Die Schüler*innen dürfen die fünf Zeilen ihres Limericks unter sich aufteilen, wie sie es möchten. Sie erhalten 5 Minuten Zeit, um ihn auswendig zu lernen und den Vortrag zu üben. Zudem darf die Präsentation mit Bewegung, Requisiten o. Ä. unterstützt und kreativ gestaltet werden.

Jede Präsentation wird mit Beifall bewertet – wer erhält den größten Applaus für die flüssigste und/oder kreativste Umsetzung des Limericks?

Beispiele

- *There was an Old Man with a beard,*
  Who said, 'It is just as I feared!
  Two Owls and a Hen,
  Four Larks and a Wren,
  Have all built their nests in my beard!'

- *There was an Old Person of Dover,*
  Who rushed through a field of blue Clover;
  But some very large bees,
  Stung his nose and his knees,
  So he very soon went back to Dover.

- *There was an Old Man who supposed,*
  that the street door was partially closed;
  But some very large rats,
  ate his coats and his hats,
  While that futile old gentleman dozed.

- *There was an Old Man who said, 'Hush!*
  I perceive a young bird in this bush!'
  When they said—'Is it small?'
  He replied—'Not at all!
  It is four times as big as the bush!'

Edward Lear

Variante

Daran anschließen kann sich die Erstellung eigener Limericks in 2er-Teams. Die Regeln eines Limericks sollten kurz thematisiert werden:

- *five lines long*
- *rhyming pattern: AABBA*
- *first line: place or name*
- *last line: pointe*
- *A-lines: three emphases (7–10 syllables)*
- *B-lines: two emphases (5–7 syllables)*

Hier ein paar Vorschläge für die erste Zeile und passende Reimwörter:

- *There was a girl named Louise … (please, these, breeze, cheese, freeze, knees, seas, trees)*
- *There was a great baseball-team … (dream, cream, seem, beam)*
- *There once was a house near a lake … (steak, take, fake, snake, bake, break, make, wake)*

What has been changed?

Darum geht's

Zwei Schüler*innen raten abwechselnd, was in ihrer Abwesenheit im Klassenzimmer verändert wurde.

So geht's

Zwei Freiwillige gehen vor die Tür. Der Rest der Klasse verändert drei Dinge im Klassenraum (z. B. *two pupils change places, a window is opened, a plant is replaced by a schoolbag*). Nun werden die beiden wieder hereingerufen und raten abwechselnd (natürlich auf Englisch), was verändert wurde. Wer zuerst zwei Dinge erraten hat, hat gewonnen.

33

What is she doing?

Darum geht's

Gezeichnete Tätigkeiten müssen erraten werden und in einem korrekten Satz in der Verlaufsform benannt werden.

2 oder 3 Karteikarten oder auf DIN A7 geschnittene Blätter für jede*n, Tafel und genügend Kreide, Stoppuhr

So geht's

Jede*r Schüler*in erhält zwei oder drei Karteikarten und beschriftet sie mit je einem Satz einer Tätigkeit in der Verlaufsform, z. B. *She is drinking a coke. He is eating ice cream. She is listening to music.*
Teilen Sie Ihre Klasse in zwei Gruppen ein. Jede Gruppe legt all ihre Karteikarten auf je einen Stapel. Beide Stapel werden eingesammelt. Gruppe B spielt mit den Karten von Gruppe A und umgekehrt. Der Stapel der Gruppe A wird bereitgelegt, die Gruppe B beginnt: Die Stoppuhr wird auf 5 Minuten gestellt und gestartet. Der*die erste Schüler*in geht nach vorn, nimmt sich die erste Karte und beginnt, die Tätigkeit an die Tafel zu zeichnen. Regeln: Es dürfen keine Wörter oder Buchstaben geschrieben werden, und es gibt auch keine mündlichen Erklärungen. Der Rest der Gruppe B muss erraten, was dort an die Tafel gezeichnet wird. Ist der Satz korrekt erra-

ten, läuft der*die nächste Schüler*in der Gruppe B nach vorn (der*die erste Schüler*in setzt sich wieder auf seinen*ihren Platz und rät im Folgenden mit), nimmt sich die nächste Karte und beginnt, seine Tätigkeit an die Tafel zu zeichnen. Nach 5 Minuten ist die Zeit abgelaufen, die Anzahl der erratenen Tätigkeiten wird gezählt. Die Teams tauschen, nun ist Gruppe A an der Reihe und verfährt wie oben beschrieben mit den Tätigkeiten, die Gruppe B aufgeschrieben hat. Welches Team errät die meisten Tätigkeiten?

Variante

Dieses Spiel ist auch in der Vergangenheitsform (*What did she do?*) möglich – so können diese geübt werden: *She drank a coke, he ate ice cream, she listened to music …*

Beispiele

- *She is drinking tea.*
- *He is buying clothes.*
- *She is coming home.*
- *He is cutting hair.*
- *She is doing homework.*
- *He is drawing a picture.*
- *She is driving a car.*
- *He is eating sweets.*

- *She is flying in a plane.*
- *He is feeding the baby.*
- *She is going to school.*
- *He is having a party.*
- *She is meeting friends.*
- *He is reading a book.*
- *She is riding a bike.*
- *He is ringing a bell.*
- *She is running out of the house.*
- *He is singing a song.*
- *She is sitting on a chair.*
- *He is sleeping in his bed.*
- *She is swimming in the sea.*
- *He is wearing a T-shirt.*
- *She is writing an e-mail.*

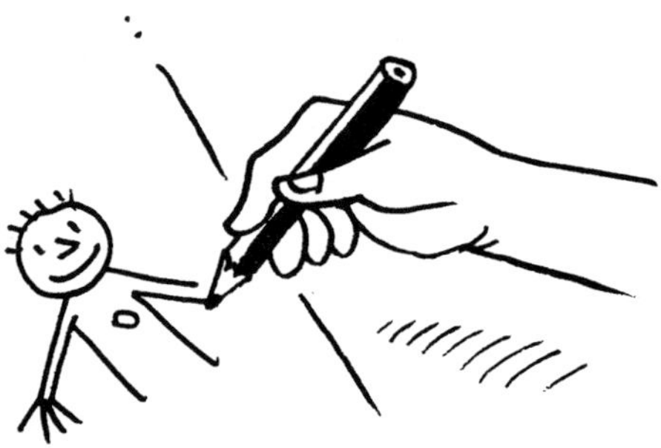

Draw what I tell you!

Darum geht's

Die Schüler*innen zeichnen ein Bild nach Anweisungen, die Sie (oder ein*e Mitschüler*in) auf Englisch geben.

Papier und Stift für jede*n

So geht's

Instruieren Sie Ihre Klasse:
Take out a piece of paper, a pencil, a ruler and felt-tips.
Draw a frame of ten square-centimetres.
Connect the opposite corners with a line each.
Now you have four triangles.
Write your name into the top triangle.
Colour your name with three different colours.
Draw a heart into the triangle that is on the right side.
Colour the heart red.
Draw a yellow star into the lower triangle.
Now you can design the last triangle as you like.
Present your result to your neighbour. Thank you.

Variante

Weitere Anweisungen sind möglich, z. B. das Zeichnen eines Landschaftsbildes mit Gras, Bäumen, Blumen, Sträuchern usw. Außerdem können Sie Hürden (wie *lefthand/righthand, to the left/right of it, behind* usw.) einbauen, um die Aufgabe zu erschweren.

© Yellow Cat | Shutterstock.com

Rhyme words

Darum geht's

Zu vorgegebenen Wörtern sollen die Schüler*innen Reimwörter finden.

So geht's

Teilen Sie die Klasse in vier Gruppen ein. Jede Gruppe wählt einen symbolischen *Speaker*-Gegenstand für sich, z. B. das Mäppchen eines Gruppenmitglieds. Dieser wird innerhalb der Gruppe nach jedem Reimwort gewechselt, sodass immer nur vier festgelegte Schüler*innen (mit dem *Speaker*-Gegenstand in der Hand) die Lösung hereinrufen dürfen.
Sie geben ein erstes Wort in die Klasse, z. B. *mouse*. Die Gruppen müssen nun überlegen, welches englische Wort sich auf *mouse* reimt. Nur der *Speaker* darf eine Lösung hereinrufen, alles andere wird nicht gewertet. Wer jedoch eine Lösung weiß, darf sie dem *Speaker* seiner Gruppe sagen (am besten leise ins Ohr, damit es kein anderer *Speaker* hören kann).
Dieser ruft dann so schnell wie möglich die Lösung in die Klasse. Pro Runde darf der *Speaker* nur eine Lösung nennen. So wird zudem verhindert, dass die *Speaker* einfach irgendetwas raten. Jede erstgenannte, richtige Lösung ergibt 1 Punkt für die Gruppe. Welche Gruppe hat zuerst 10 Punkte?

Beispiele

- *mouse – house*
- *down – town – crown*
- *dress – mess – less*
- *kingdom – from*
- *school – pool – wool – tool*
- *win – twin – tin – sin – grin*
- *hat – cat – mad – dad – dead – fat – bread*
- *plate – eight – made*
- *you – do – chew – glue – shoe – true – two – too – blue*
- *love – dove – glove*
- *live – five – knife – wife*
- *rhyme – time*
- *day – grey – play – say – they – way*
- *now – how*
- *up – cup*
- *queen – mean – bean – lean – seen*
- *land – and – band – hand – sand*
- *boy – joy*
- *dog – frog – jog – smog*
- *eat – beat – feet – meat – meet – sweet – treat – wheat*
- *think – drink – blink – ink – link – stink – wink*

Vocabulary training

© Sapunkele | Shutterstock.com

What is the opposite?

Darum geht's

Zu vorgegebenen Begriffen müssen die Schüler*innen das Gegenteil nennen.

So geht's

Dieser Lückenfüller ist kein Wettspiel, sondern eins zur Aktivierung möglichst vieler Schüler*innen.
Sie geben in schneller Reihenfolge Begriffe in die Klasse, die Schüler*innen nennen, so schnell sie können, das Gegenteil. Keine*r muss sich melden: Alle, die es wissen, rufen es einfach herein (nicht zu laut). Bewegen Sie sich dabei im Raum, damit sich alle Schüler*innen gesehen und angesprochen fühlen.

Beispiele

- *to ask – to answer*
- *bad – good*
- *day – night*
- *upstairs – downstairs*
- *summer – winter*
- *spring – autumn*
- *to begin – to finish*
- *to shut – to open*
- *back – in front of*
- *to allow – to forbid*
- *best – worst*
- *old – young*
- *to receive – to send*
- *angel – devil*
- *big – small*
- *departure – arrival*
- *before – after*
- *adult – child*
- *black – white*
- *wrong – right/correct*

- *to accept – to refuse*
- *entrance – exit*
- *never – always*
- *cold – hot/warm*
- *alive – dead*
- *to add – to subtract*
- *against – for*
- *all – none*
- *open – closed*
- *boy – girl*
- *brother – sister*
- *to sell – to buy*
- *fast – slow*
- *cheap – expensive*
- *to whisper – to shout*
- *husband – wife*
- *everybody – nobody*
- *children – parents*
- *happiness – sadness*
- *difficult – easy*
- *early – late*
- *pupil – teacher*
- *health – disease/illness*
- *empty – full*
- *powerful – weak*
- *to fix – to break*
- *to forget – to remember*
- *to give – to take*
- *junior – senior*
- *rainy – sunny*
- *peace – war*
- *last – first*
- *guest – host*
- *to increase – to reduce*
- *to lead – to follow*
- *sun – moon*
- *to push – to pull*
- *silent – noisy*
- *to throw – to catch*
- *seldom – often*
- *quick – slow*
- *off – on*
- *more – less*
- *left – right*
- *to sit – to stand*
- *rich – poor*
- *sweet – sour*
- *tomorrow – yesterday*
- *wet – dry*
- *loser – winner*

37

Associations

Darum geht's

Zu einem Überbegriff notieren die Schüler*innen assoziativ alle Begriffe, die ihnen einfallen. Gruppensinn und Kooperation sind zusätzlich gefragt!

4 DIN-A2-Blätter (Zeichenblock), 4 Stifte

So geht's

Teilen Sie die Klasse in vier Gruppen ein. Sorgen Sie dafür, dass alle am Gruppenprozess beteiligt werden, indem innerhalb der Gruppen Rollen verteilt werden (z. B. Schreiber*in, Zeichner*in, Zeitwächter*in, Fragensteller*in, Themenwächter*in, Jede*r-sagt-was-Wächter*in, Entscheider*in, Kreativ-Wächter*in, Präsentator*in).
Geben Sie nun ein Stichwort in die Klasse. Zu diesem Stichwort sollen von den Gruppen so viele Unterpunkte wie möglich gefunden und auf dem Papier geclustert werden. Die Klasse hat dazu 10 Minuten Zeit.
Anschließend werden die Plakate vor der Klasse präsentiert oder Sie veranstalten einen „Museumsgang", indem alle Plakate aufgehängt und still betrachtet werden können.
Legen Sie vorab Kriterien fest, die bei der Bewertung gelten: z. B. 8 Punkte für das schönste Plakat (und dann in der Bepunktung weiter: 7 Punkte für das zweitschönste usw.),

8 Punkte für die leiseste Gruppe (7 Punkte für die zweitleiseste usw.), 8 Punkte für die kreativste Präsentation (7 Punkte für die zweitkreativste usw.) und je 1 Punkt für jede *Association*.

Beispiele

animals, feelings, London, Ireland, Great Britain, USA, Australia, English grammar, news, eat and drink, sports, friendship, technology, migration, children's rights, social media, globalization …

Hinweis

Sie können diese Übung auch zu aktuellen Themen Ihrer Unterrichtsreihe nutzen, z. B. um bei einer Lektüre verschiedene Personen zu charakterisieren oder auch einzelne Kapitel oder Schauplätze beschreiben zu lassen.

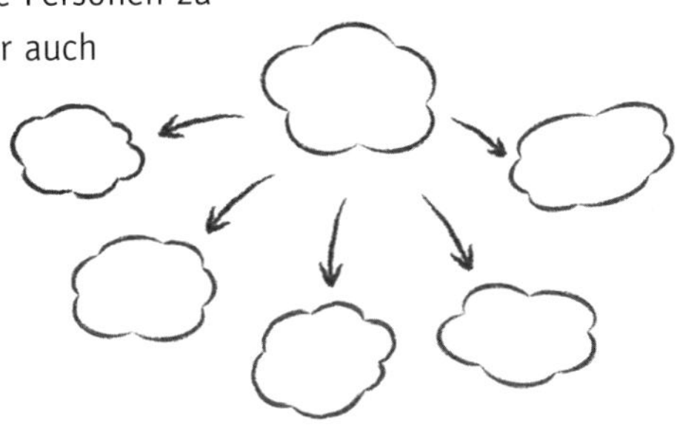

38

Fill up

Darum geht's

Die Schüler*innen müssen möglichst viele Wörter finden, die mit dem vorgegebenen Buchstaben anfangen und enden.

Papier und Stift für jede*n

So geht's

Schreiben Sie den Anfangs- und Endbuchstaben eines Wortes an die Tafel. Die Schüler*innen schreiben in zwei Minuten so viele Wörter wie möglich auf, die mit diesen Buchstaben beginnen und enden.

Beispiele

- **A...T:** *account, act, admit, adult, affect, against, agent, agreement, almost, amount, artist …*
- **C...E:** *cake, candidate, care, case, cause, challenge, chance, change, charge, choice, choose, circumstance, close, college, come, committee, compare, conference, couple, course, create …*
- **H...D:** *hand, hard, head, hold, hundred, husband …*
- **L...E:** *language, large, late, leave, lie, life, like, line, little, lose, love …*

- **M…T:** *management, market, might, moment, mount, movement, must …*
- **P…E:** *page, peace, people, performance, picture, piece, place, pole, police, positive, possible, practice, prepare, pressure, price, prime, private, produce, prove, provide, probable, purpose …*
- **R…T:** *recent, reflect, report, represent, rest, result, right …*
- **S…E:** *safe, sale, same, scene, scheme, science, score, see, sense, serve, service, shake, share, she, side, simple, since, single, site, size, smile, someone, source, space, stage, state, store, structure, style, sure, surface …*
- **W…E:** *where, while, white, whole, whose, wide, write …*

Variante

Wenn Sie mögen, können Sie zudem drei, vier oder fünf Striche als Leerstellen zwischen die beiden Buchstaben einfügen. Dann müssen Wörter gefunden werden, die zusätzlich die Bedingung erfüllen, die passende Wortlänge zu haben.

39

Word by word

Darum geht's

Es werden gemeinsam Sätze gebildet, indem jede*r Schüler*in immer nur ein Wort zu einem Satz hinzufügt. Gelingt es der Klasse, eine ganze Geschichte entstehen zu lassen?

So geht's

Legen Sie eine Schülerreihenfolge fest (z. B. nach der Sitzordnung). Sie beginnen mit einem Wort, z. B. *once*. Der*die nächste Schüler*in ergänzt das nächste Wort (z. B. *upon* oder *there*), danach ist die nächste Person dran usw. Ist ein Satz zu Ende, ergänzt die*der nächste Schüler*in ein *fullstop*. Im Anschluss wird mit einem neuen Satz gestartet. Schafft es die Klasse, eine ganze (kurze) Geschichte zu entwickeln?

Varianten

- ✗ Sie können auch ein Thema für die zu entwickelnde Geschichte vorgeben, z. B. *a story takes place in the future, a love story* oder *Christmas Eve.*
- ✗ Sie (oder ein*e Schüler*in) geben drei Wörter vor, die in der Geschichte vorkommen müssen, z. B. *winter – car – e-mail* oder *Nick – pets – black.*

Bingo

Darum geht's

Ein Klassiker: Bingo. Er darf aus meiner Sicht in dieser Sammlung auf keinen Fall fehlen, da er sich in meinen Klassen so großer Beliebtheit erfreut und man damit ganz wunderbar die aktuellen Vokabeln üben kann.

Papier und Stift für jede*n

So geht's

Wählen Sie aus den aktuellen Vokabeln 20 aus. Schreiben Sie sie an die Tafel oder teilen Sie der Klasse mit, welche 20 Vokabeln aus dem Buch/der Übersicht gemeint sind. Jede*r erstellt nun ein Raster mit 4x4 Kästchen. In dieses Raster werden 16 der englischen Vokabeln eingetragen. Wenn alle bereit sind, nennen Sie die erste Vokabel – aber natürlich auf Deutsch. Die Schüler*innen suchen sie in ihrem Bingo-Raster und kreisen sie bei Vorhandensein ein. So fahren Sie fort, bis der*die erste Schüler*in ein „Bingo" hat, also vier eingekreiste Vokabeln in einer Reihe senkrecht, waagerecht oder diagonal. Der*die Gewinner*in darf das nächste Bingo-Spiel anleiten.
Auf diese Weise werden die Vokabeln wie nebenher geübt.

Wordsnail

Darum geht's

Die Klasse bildet zwei Teams, die gegeneinander spielen. Es gilt, eine möglichst lange Wörterschlange zu bilden, wobei das nächste Wort immer mit dem letzten Buchstaben des vorhergehenden Wortes beginnen muss.

So geht's

Die Klasse wird in zwei Gruppen eingeteilt. Eine Reihenfolge innerhalb der beiden Gruppen wird festgelegt.
Sie geben ein beliebiges Wort vor (z. B. *taxi-driver*) und starten damit das Spiel. Der letzte Buchstabe dieses Wortes (in diesem Fall „r“) ist die Vorgabe für den Anfangsbuchstaben für das Wort, das der*die nächste Schüler*in nennt.

Schüler*in 1 der Gruppe A nennt also ein Wort, das mit „r“ beginnt, z. B. *red*. Schüler*in 1 der Gruppe B nennt das nächste Wort, das nun also mit „d“ beginnen muss, z. B. *dream*. Dann ist wieder Gruppe A mit Schüler*in 2 mit einem Wort mit „m“ dran usw. Maximale Bedenkzeit für alle Schüler*innen: 5 Sekunden.

Wem nichts einfällt, der darf *next one* sagen und das Wort damit an eine*n beliebige*n Mitspieler*in der eigenen Gruppe abgeben (der*die wiederum innerhalb von 5 Sekunden ein Wort präsentieren muss).
Jede Gruppe hat maximal 2-mal die Möglichkeit, die Lösung an eine*n Mitspieler*in abzugeben. Kein Wort darf 2-mal genannt werden.
Welche Gruppe gewinnt?

Schlange: © Anja Boretzki

The large yellow banana

Darum geht's

Wie viele passende Adjektive findet die Klasse?

So geht's

Sie nennen ein Substantiv, z. B. *banana*.
Die Klasse findet nun der Reihe nach passende Adjektive. Dabei werden alle bereits genannten wiederholt, bis niemandem mehr eins einfällt.
Wer schafft die längste „Banane"? Er*sie darf das nächste Substantiv nennen und neue, passende Adjektive werden gesucht.

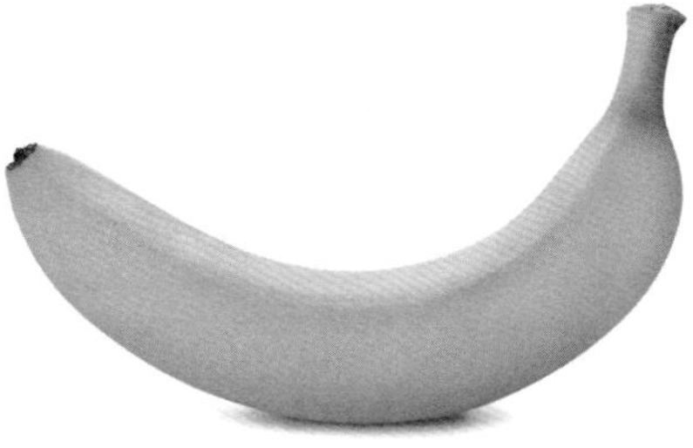

Beispiel

the large banana
the large yellow banana
the large yellow sweet banana
the large yellow sweet crooked banana

Things in the classroom

Darum geht's

Bei dieser Übung geht es um das Wortschatztraining für jüngere Klassen: Was ist alles im Klassenzimmer zu sehen?

Papier und Stift für jede*n

So geht's

Eine Aufgabe, die Sie in Einzel- oder Kleingruppenarbeit durchführen lassen können: Wer findet in 3 Minuten die meisten englischen Vokabeln für Gegenstände in der Klasse? Am Ende der Zeit tauschen je zwei Gruppen ihre Listen und zählen die richtigen (und lesbaren!) Vokabeln.

Variante

Wer weiß als Erstes die englischen Vokabeln für 15 Gegenstände in der Klasse und kann sie flüssig aufsagen? (Notizen sind erlaubt)

Diese Variante ist auch auf dem Schulhof möglich.

Verbs, nouns, adjectives

Darum geht's

Spielen Sie den Klassiker „Stadt – Land – Fluss" als Vokabeltraining.

Papier und Stift für jedes 2er-Team

So geht's

Immer zwei Schüler*innen nehmen ein Blatt Papier quer und unterteilen es in sieben Spalten. Die Überschriften der Spalten sind: *verbs, nouns, adjectives, conjunctions, prepositions, favourite words, points* (= hier werden die zusammengezählten Punkte notiert).
Der*die erste Schüler*in sagt laut A (natürlich auf Englisch) und buchstabiert dann leise im Kopf das Alphabet. Nach kurzer Zeit sagt der*die Nachbarschüler*in *Stop!*. Der*die Buchstabenzählende benennt den Buchstaben, bei dem er*sie aktuell war. Die Paare notieren nun in ihren Spalten gemeinsam Wörter der entsprechenden Kategorie mit dem passenden Anfangsbuchstaben. Durch den Partneraustausch findet eine intensivere Auseinandersetzung mit den Wortarten statt, als wenn jede*r allein für sich spielt.

Das erste Paar, das fertig ist, sagt *Finished!* (alternativ piept nach 1 Minute der Timer). Alle hören auf, zu schreiben, und die Einträge werden verglichen. Für eine richtige Lösung, die kein anderes Paar hat, gibt es 10 Punkte, für eine Lösung, die andere auch haben, 5 Punkte, und für eine Lösung in einer Kategorie, bei der keine andere Gruppe ein Wort gefunden hat, gibt es 20 Punkte.
Am Ende der Auflösungen zählen alle ihre Punkte dieses Buchstabens zusammen und notieren sie unter *points*.
Dann beginnt eine neue Runde.

Verbs	**Nouns**	**Adjectives**	**Conjunctions**	**Prepositions**	**Favourite words**	**Points**

45

My blind neighbour

Darum geht's

Mit der Hand des*der „blinden“ Nachbar*in wird eine Vokabel auf den Tisch geschrieben. Um welches Wort handelt es sich bloß?

So geht's

Die Klasse geht paarweise zusammen. Ein*e Schüler*in schließt die Augen. Der*die Partner*in nimmt die Hand des*der „blinden“ Nachbar*in, führt seinen*ihren Zeigefinger und schreibt damit ein Wort (aus den aktuellen Vokabeln) auf den Tisch. Nun muss erraten werden, um welche Vokabel es sich handelt.

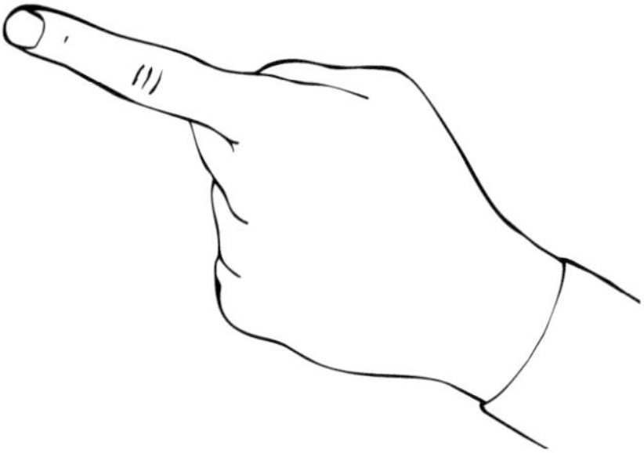

Silent words

Darum geht's

Bei dieser Übung wird „Stille Post“ mit drei aneinandergereihten Vokabeln aus den aktuellen Lernwörtern gespielt.

So geht's

Ein*e Schüler*in wählt aus den aktuellen Vokabeln drei aus. Diese werden dem*der Nachbar*in ins Ohr geflüstert: immer erst auf Deutsch, dann auf Englisch, also z. B. ausschneiden – *to cut out,* während – *while,* Ausrüstung – *equipment.* Nun wird das Gehörte an den*die Nachbar*in weitergegeben. Was kommt bei der*dem letzten Schüler*in an?

Hinweis

In kleineren Klassen spielt die Klasse als ganze Gruppe, in größeren teilen Sie die Klasse in zwei oder drei Gruppen ein, damit die Wartezeit nicht zu lange dauert.
Die Anzahl der weiterzugebenden Vokabeln kann an die Leistungsstärke der Klasse angepasst werden.

Mnemonics

Darum geht's

Mit Eselsbrücken lassen sich Vokabeln leichter merken. In dieser Übung überlegen sich die Schüler*innen eigene Hilfestellungen.

So geht's

Fordern Sie Ihre Klasse auf, Eselsbrücken zu finden, um sich Vokabeln besser merken zu können. Aus dem Bereich Grammatik gibt es vermutlich einige, die die Schüler*innen schon kennen, z. B. „*he, she, it* – s muss mit", „Wer sich ‚SVOMPT' merkt, weiß die Satzstellung im Englischen: ***S****ubject*, ***V****erb*, ***O****bject*, ***M****anner*, ***P****lace*, ***T****ime*" oder auch „Lassen sich die Nomen zählen, musst du immer ‚many' wählen". Weitere Eselsbrücken sind z. B. „*Who, who, who* – wer bist du? *Where, where, where* – wo kommst du her?" oder auch „*Since* kommt auf den i-Punkt, *for* dehnt sich im Raum des o". Sich solche Regeln selbst auszudenken, ist für Schüler*innen kaum möglich, von daher: Bieten Sie sie an. Und fordern Sie Ihre Klasse auf, Eselsbrücken für Vokabeln zu finden. Z. B. „*answer*: WER hat eine ANtwort?" oder „*laugh*: Wenn man lacht, kommt das von Herzen. Und *love* wird fast wie *laugh* ausgesprochen". Für viele Vokabeln findet man solche Eselsbrücken, wenn man nur kreativ danach sucht.

So setzt sich die Klasse während der Suche nach Eselsbrücken intensiv mit ihren Vokabeln auseinander und hat anschließend gute Merkhilfen.

Hinweis

Im Internet finden sich zahlreiche Eselsbrücken als Vokabel-Merkhilfe. In höheren Klassen, wenn Sie keinen festen Merk-Wortschatz mehr vorgeben, können Sie also auch dazu auffordern, möglichst viele verschiedene Eselsbrücken für Vokabeln herauszusuchen und der Klasse vorzustellen.

48

Sing your vocabulary

Darum geht's

Die Vokabeln (oder ein ganzer Text) werden auf die Melodie eines Liedes, das alle kennen, gesungen.

So geht's

Trauen Sie sich, vor und mit der Klasse zu singen? Dann singen Sie doch die aktuellen Vokabeln oder auch den aktuellen Text mit der Klasse zu einem Lied, das alle kennen. Als Lieder eignen sich alle Stücke, die in der Klasse bekannt und vom Sprechtempo her nicht zu schnell sind, z. B. „Bad Liar" von Imagine Dragons, „Viva La Vida" von Coldplay, „Ain't nobody" von Felix Jaehn und Jasmine Thompson oder „Love me like you do" von Ellie Goulding. Auch amerikanische Weihnachtslieder, wie „All I want for Christmas" oder britische, wie „Last Christmas", eignen sich. Probieren Sie es aus, das funktioniert und macht Spaß!

Grammar training

My clothes, your clothes

Darum geht's

Einfache Satzmuster im Present Progressive werden eingeübt, wiederholt und für verschiedene Personalpronomina modifiziert. *She*he is wearing a … I am wearing a … You are wearing a …*

Stoppuhr

So geht's

Legen Sie eine Reihenfolge innerhalb der Klasse fest. Sie (als neutrale Person) starten, z. B.: *I am wearing a red T-Shirt*. Dann wird die Stoppuhr gestartet und der*die erste Schüler*in beginnt: *Mrs. Fink (oder she) is wearing a red T-Shirt. I am wearing black socks. You* (zeigt auf den*die nächste*n und wählt eine Sache aus) *are wearing blue shorts*. Der*die nächste Schüler*in wiederholt nur das Kleidungsstück des Vorgängers bzw. der Vorgängerin, sein*ihr eigenes und ergänzt das des Nachfolgers bzw. der Nachfolgerin. *Tim is wearing black socks. I am wearing blue shorts. You are wearing a white sweatshirt.*

Die Zeit wird gestoppt, wenn alle Schüler*innen einmal an der Reihe waren.
Wenn Sie dieses Spiel regelmäßig spielen, notieren Sie sich die jeweilige Zeit und beantworten Sie die spannende Frage: Gewinnen wir heute gegen unsere Zeit von gestern?

Variante

In schwächeren Klassen kann natürlich auch ohne Stoppuhr gespielt und so das Tempo herausgenommen werden.

What is wrong?

Darum geht's

Bei dieser Übung trainieren die Schüler*innen, grammatikalisch falsche Sätze zu berichtigen.

So geht's

Sie geben einen Satz vor, der grammatikalisch nicht korrekt ist. Nehmen Sie eine*n Schüler*in dran, der*die den Satz korrigiert. Danach ist diese*r dran, einen falschen Satz zu bilden und korrigieren zu lassen.

Hinweis

Bedenken Sie, dass es oft mehrere Möglichkeiten gibt, einen Fehler zu korrigieren.

Varianten

- ✗ In schwächeren Klassen kann es von Vorteil sein, wenn nur Sie die Sätze vorgeben. Oder Sie bereiten Beispiele vor, die aus einem Glas gezogen und reihum vorgelesen werden.
- ✗ Es ist auch denkbar, die Klasse in zwei oder mehreren Gruppen gegeneinander antreten zu lassen: Die Gruppen besprechen sich, schreiben ihre Lösung auf und lesen sie nacheinander vor. Jede richtige Lösung ergibt 1 Punkt.

Für komplett richtige Rechtschreibung gibt es 1 Zusatzpunkt. Welche Gruppe hat am Ende des Spiels die meisten Punkte erhalten?

Achten Sie darauf, dass sich jedes Gruppenmitglied beteiligen kann, z. B. durch verschiedene Rollen in der Gruppe (Schreiber*in, Vorleser*in, Rechtschreib-Prüfer*in).

Beispiele

- *I go to school by foot.* (➡ *on foot*)
- *On Sundays she always sleep long.* (➡ *I* oder *sleeps*)
- *My friends is happy.* (➡ *My friend* oder *are*)
- *It's half to eight.* (➡ *half past*)
- *My brother's birthday is on the twenty-twoth of April.* (➡ *twenty-second*)
- *Do you want a apple?* (➡ *an apple*)
- *My sister sings a song. Hear you she?* (*Do/Can you hear her?*)
- *Mr. Miller and Mr. Smith are nice mans.* (➡ *men*)
- *Where is Tim? I can't see he.* (➡ *him*)
- *At the weekends I often visits my aunt.* (➡ *visit*)
- *I sleep never long on weekdays.* (➡ *I never sleep*)
- *We often go swimming because we are liking it.* (➡ *like*)
- *Like you reading books?* (➡ *Do you like*)

- *My mum washs her car every two weeks.* (➡ *washes*)
- *She is funny, is she?* (➡ *isn't*)
- *No, I think not.* (➡ *I don't think* [*so*].)
- *He is calling sometimes me on the weekends.*
  (➡ *He sometimes calls me at the weekends.*)

Much or many?

Darum geht's

Die Mengenbezeichnungen *much* und *many* werden geübt, indem verschiedene Begriffe richtig in eine Tabelle einsortiert werden müssen. Dabei arbeiten zwei Gruppen hinter der Tafel gegeneinander.

So geht's

Bereiten Sie (oder zwei Schüler*innen) die beiden Tafel-Rückseiten vor, die in zwei Spalten unterteilt und einmal mit *much*, einmal mit *many* überschrieben werden. Beide Tafelseiten dürfen von der Klasse aus nicht einsehbar sein.
Teilen Sie die Klasse nach dem Zufallsprinzip in zwei Gruppen ein, z. B. indem 1 – 2 – 1 – 2 durchgezählt wird oder Sie Lose ziehen lassen.
Die Schüler*innen stellen sich an ihrer Tafelseite in einer Reihe auf. Nennen Sie nun den ersten Begriff, z. B. *animals*. Der*die erste Schüler*in jeder Gruppe trägt den Begriff verdeckt auf seiner*ihrer Tafelseite in die Spalte ein, die er*sie für richtig hält. Dann wird der nächste Begriff für die nächsten beiden Schüler*innen genannt.
Am Ende werden beide Tafelseiten umgeklappt und kontrolliert, welche Gruppe die meisten Begriffe richtig einsortiert hat.

Hinweis

Verweisen Sie auf die Eselsbrücke (*mnemonic*): „Lassen sich die Nomen zählen, musst du immer *many* wählen."
In Gruppen mit schwächeren Schüler*innen ist es erlaubt, dass der*diejenige, der*die dran ist, sich bei einer anderen Person Rat holen darf.

Beispiele

- ***much:*** *bread, butter, cheese, coffee, food, fun, hair, homework, ice cream, information, light, love, meat, milk, music, noise, pocket-money, salt, sugar, tea, time, traffic, trouble, water*

- ***many:*** *animals, apples, beds, birthdays, bottles, cakes, cards, days, doors, drinks, examples, exercises, faces, Fridays, groups, holidays, hospitals, instruments, lessons, magazines, messages, names, photos, presents, questions, riddles, shirts, tickets, women*

Which conjunction fits?

Darum geht's

Die Schüler*innen entscheiden nach dem Hören zweier Sätze, welche Konjunktion (*and, or, but, because* ...) zwischen diese Sätze passt.

So geht's

Sammeln Sie zunächst an der Tafel mögliche Konjunktionen: *and, or, but, because, although, while, if, after, when, before, so* ... (in leistungsstärkeren Klassen können Sie diese Sammlung auch weglassen).
Alle Schüler*innen stehen auf. Sie lesen zwei Sätze vor (oder sagen sie aus dem Kopf). Wer meint, eine passende Konjunktion zu wissen, meldet sich. Werden die Sätze inhaltlich korrekt verbunden, darf sich der*die Schüler*in setzen, wenn nicht, bleibt er*sie stehen. Die Sätze dürfen mit der Konjunktion in ihrer Form, nicht jedoch im Inhalt verändert werden (z. B. *She likes reading books. She likes reading magazines.* ➡ *She likes reading books and/or magazines.*).

Beispiele

- *This book is very popular. I don't like it. (but)*
- *I like my cat. It's nice. (because)*
- *I like riding a bike. I like riding horses. (and)*

- *They ride by bike. It is windy. (although)*
- *The meal tasted boring. She put some salt on it. (so)*
- *Do you go to the library? Do you go to the cinema? (or)*
- *Of course, I brush my teeth. I go to bed. (before)*
- *She likes surfing. She doesn't like swimming. (but)*
- *I come home. My mother leaves the house. (while)*
- *I will text you. I have arrived in Cologne. (after)*
- *She was unhappy. She called her best friend. (so)*
- *I will tell you something about the film. You can't watch it. (because)*
- *I have got a sister. I don't have got a brother. (but)*
- *The kids were picking flowers. I saw them one hour ago. (when)*
- *The sun was warm. The wind was cool. (but)*
- *I drink a coffee. I have breakfast. (while)*
- *He was late. The bus didn't come. (because)*
- *The party was boring. She went home. (so)*
- *I eat lunch at home. I eat lunch at school. (or)*
- *Tim is watching the traffic. Tom is riding the car. (while)*
- *She welcomes her friends. They have arrived. (after)*
- *I have got a brother. His name is Jonathan. (and)*
- *We can't go to the cinema. We can go to the library. (but)*
- *I take off my shoes. I come home. (when)*
- *Max likes English sausages best. People say German sausages taste better. (although)*

- *Listen to the story. Afterwards answer the questions. (and)*
- *Have you got a sister? Have you got a brother? (or)*
- *I bought a great CD yesterday. I can't remember the name. (but)*
- *The room was really dark. Lisa turned the light on. (so)*
- *I can't go to school today. I am ill. (because)*
- *Do you like a coke? Do you like water? (or)*
- *The water was really cold. I didn't go swimming. (so)*
- *I take off my pullover. It's cold outside. (although)*
- *Please take your mobile with you. You might miss the bus. (because)*
- *I take on my sweatpants. I come home. (when)*
- *I wanted to do my homework. I was too lazy. (but)*
- *Leo wrote a good test. He exercised a lot for it. (because)*
- *She knew more about it. She had read the text. (after)*
- *I like milk in my coffee. I don't like sugar in it. (but)*
- *I finished my homework. I went to see my friends. (before)*
- *Postmen don't like dogs. They bite them. (because)*
- *I came home early. My parents had allowed me to stay out late. (although)*
- *I like running. I go running twice a week. (so)*
- *We didn't go out. We wanted to watch TV. (because)*
- *I didn't drink anything. I was thirsty. (although)*
- *I put on my shoes. I go out. (before)*

a and an

Darum geht's

Die Schüler*innen benennen reihum Nomen mit dem unbestimmten Artikel. Dabei geht es nicht nur um die korrekte Zuordnung, sondern auch um Schnelligkeit.

Stoppuhr, Zettel und Stift für die Strichliste der genannten Nomen

So geht's

Legen Sie innerhalb der Klasse die Reihenfolge fest, in der gespielt werden soll. Verdeutlichen Sie außerdem, dass nach dem*der letzten Schüler*in die Reihenfolge wieder von vorn beginnt.
Die Stoppuhr wird gestartet, der*die erste Schüler*in beginnt und nennt ein Nomen inklusive des unbestimmten Artikels, also z. B. *an apple*. Der*die nächste Schüler*in nennt ein weiteres Nomen mit Artikel, z. B. *a pen*.
Ihre Aufgabe ist es, eine Strichliste zu führen: für Nomen mit *an* gibt es 2 Punkte, für Nomen mit *a* 1 Punkt. Dabei darf kein Nomen doppelt genannt werden (bei Unklarheit: Seien Sie großzügig).
Sobald die Klasse 100 Punkte erreicht hat, wird die Zeit gestoppt. Wird die Klasse in der nächsten Stunde schneller sein?

Comparison

Darum geht's

Die Schüler*innen müssen so schnell wie möglich die korrekten Steigerungsformen von Adjektiven benennen.

kleiner Ball, alternativ: ein Stück Kreide oder ein (trockener!) Schwamm; Stoppuhr

So geht's

Alle stellen sich im Kreis auf, eine*r in der Runde erhält den Ball. Sie stehen außerhalb des Kreises und fungieren als Schiedsrichter*in. Auf los geht's los: Schüler*in 1 nennt ein Adjektiv (z. B. *cheap*), wirft den Ball einem Gegenüber zu, das die erste Steigerungsform (*cheaper*) nennt und den Ball schnell einem weiteren Gegenüber zuwirft, das die dritte Steigerungsform nennen muss: *the cheapest*. Die Person, die als Nächstes den Ball bekommt, nennt ein neues Adjektiv, das dann wiederum von den zwei Nachfolger*innen gesteigert wird.
Jede richtig gesteigerte Form (also nur Komparativ und Superlativ) erhalten je 1 Punkt durch Sie (laut zählen). Sich selbst zu verbessern, ist erlaubt. Was nicht erlaubt ist, ist, dass der Ball herunterfällt: Dann wird neu gezählt. Also: Vor dem Wurf Blickkontakt aufnehmen!

Schafft die Klasse innerhalb von 2 Minuten 40 Punkte, hat sie gewonnen und darf sich ein weiteres Klassenspiel aussuchen, das gemeinsam gespielt wird.

Um den Spielfluss in Gang zu halten oder ihn zu erleichtern, können zuvor mögliche Adjektive an der Tafel gesammelt werden.

Beispiele

für die Steigerung mit -er/-est:

- *big*
- *cheap*
- *clean*
- *dirty*
- *easy*
- *fast*
- *happy*
- *high*
- *large*
- *new*
- *pretty*
- *sad*
- *shy*
- *simple*
- *strict*
- *young*

für die Steigerung mit more/most:

- *beautiful*
- *boring*
- *careful*
- *complicated*
- *difficult*
- *exciting*
- *expensive*
- *famous*
- *important*
- *interesting*
- *sensitive*

für Ausnahmen bei der Steigerung

- *bad*
- *good*
- *little*
- *many*
- *much*

55

Do you know the plurals?

Darum geht's

Unregelmäßige Pluralformen werden beim Wettstreit zwischen zwei Gruppen an der Tafel abgefragt.

So geht's

Teilen Sie die Klasse in zwei Gruppen ein. Beide Gruppen bilden eine Reihe vor je einer Tafelseite, die umgeklappt wird, sodass niemand sehen kann, was die Person dahinter aufschreibt.
Die ersten beiden Schüler*innen stellen sich vor ihre Tafelrückseite. Die Lehrkraft nennt ein Nomen im Singular. Die beiden Spieler*innen müssen nun die korrekte Pluralform an die Tafel schreiben. Wenn beide fertig sind (ggf. führen Sie ein Zeitlimit von 15 Sekunden ein), drehen die Schüler*innen ihre Tafelseiten um, sodass sie für alle sichtbar sind. Die richtigen Antworten ergeben 1 Punkt für die jeweilige Mannschaft.
Nun sind die beiden nächsten Pluralbildenden aus den Gruppen dran.
Zum Spaß können Sie auch zwischendurch ganz regelmäßige Nomen einbauen.

Beispiele für Nomen mit unregelmäßiger Pluralform:

- *child* ➡ *children*
- *foot* ➡ *feet*
- *goose* ➡ *geese*
- *louse* ➡ *lice*
- *man* ➡ *men*
- *mouse* ➡ *mice*
- *tooth* ➡ *teeth*
- *woman* ➡ *women*

Beispiele für Nomen, die auf y enden:

- *baby* ➡ *babies*
- *city* ➡ *cities*
- *fly* ➡ *flies*
- *lady* ➡ *ladies*
- *puppy* ➡ *puppies*
- *spy* ➡ *spies*

Beispiele für Nomen, die auf f oder fe enden:

elf ➡ *elves*
half ➡ *halves*
knife ➡ *knives*
leaf ➡ *leaves*
life ➡ *lives*
thief ➡ *thieves*

Beispiele für Nomen, die auf o enden:

buffalo ➡ *buffaloes*
domino ➡ *dominoes*
echo ➡ *echoes*
hero ➡ *heroes*
potato ➡ *potatoes*
tomato ➡ *tomatoes*
tornado ➡ *tornadoes*

Beispiele für Nomen, die auf s, x, z, ch, sh enden:

- *bench* ➡ *benches*
- *box* ➡ *boxes*
- *bus* ➡ *busses*
- *fox* ➡ *foxes*
- *glass* ➡ *glasses*
- *kiss* ➡ *kisses*
- *pitch* ➡ *pitches*
- *quiz* ➡ *quizzes*
- *wish* ➡ *wishes*

Beispiele für Nomen, die im Plural gleich bleiben:

- *aircraft*
- *deer*
- *fish*
- *hovercraft*
- *information*
- *sheep*
- *species*

The right order

Darum geht's

Wie fit ist Ihre Klasse in puncto „Satzstellung"?
Eine Gruppenarbeit zeigt es.

7 verschiedenfarbige Karten (z. B. rot, orange, grün, lila, blau, schwarz, weiß), jeweils 4 oder 5 Stück (je nach Schüler*innenzahl)

So geht's

Bilden Sie 7er-Gruppen. Innerhalb der Gruppen werden die sieben verschiedenfarbigen Karten verteilt. Notieren Sie an der Tafel, wofür die einzelnen Farben stehen:
red = subject
orange = object
green = verb
purple = auxiliary
blue = place
black = time
white = adverb of frequency
Besteht die Klasse nicht aus einer durch sieben teilbaren Zahl, können Sie z. B. den schwächeren Gruppen ein achtes Teammitglied zuordnen, sodass in jeder Runde ein Mitglied ohne Karte, aber als zusätzliche*r Berater*in zur Verfügung steht.

Nun lesen Sie Satzbausteine vor, aus denen die Teams korrekte Sätze bilden müssen, indem sie die Bausteine ihren Teammitgliedern zuordnen und sich entsprechend in der richtigen Reihenfolge aufstellen. Jede Gruppe hat dafür 1 Minute Zeit. Danach wird aufgelöst und jede Gruppe nennt ihren richtigen Satz (jedes Teammitglied sagt den entsprechenden Satzteil). Meist werden nicht alle Mitglieder zum Aufstellen gebraucht, aber am Prozess des Beratens sind alle beteiligt. Oft sind zudem mehrere Lösungen richtig. Nach jedem Satz werden die farbigen Karten innerhalb der Gruppe getauscht, sodass jedes Mitglied mal jedes Satzglied erhält. Erst nach der Neuzuordnung wird der nächste Satz genannt.

Beispiele

- *often – in her bed – a book – Lisa – on Sundays – reads*
  ➡ *On Sundays Lisa often reads a book in her bed.*

- *the friends – on the trampoline – in Tom's garden – in the afternoon – playing – are*
  ➡ *In the afternoon the friends are playing on the trampoline in Tom's garden.*

- *went – Ellie and Adam – by bus – back to their home – in the evening – sometimes*

➡ *In the evening Ellie and Adam sometimes went back to their home by bus.*

- *Jill – her lessons – yesterday – do – at school – didn't*
  ➡ *Yesterday Jill didn't do her lessons at school.*

- *at home – your homework – do – always – you – like to do*
  ➡ *Do you always like to do your homework at home?*

- *at the market – buy – tomorrow – a new T-shirt – will – Luke*
  ➡ *Tomorrow Luke will buy a new T-shirt at the market.*

- *fish – Louise – never – like to eat – will*
  ➡ *Louise will never like to eat fish.*

- *with the dog – every day – go for a walk – they – have to – in the fields*
  ➡ *Every day they have to go for a walk with the dog in the fields.*

T-Shirt: © BEAUTYofLIFE; Hund: © fotowebbox | alle stock.adobe.com

- *at the weekends – have to – I – sometimes – my room – tidy up*
  ➡ *At the weekends I sometimes have to tidy up my room.*

- *me and my brother – don't – out of our beds – in the morning – sometimes – want to get*
  ➡ *In the morning me and my brother sometimes don't want to get out of our beds.*

- *like to do – in my bed – sometimes – I – my homework – in the afternoon*
  ➡ *In the afternoon I sometimes like to do my homework in my bed.*

- *sometimes – sleep well – can't – she – at night – in her bed*
  ➡ *At night she sometimes can't sleep well in her bed.*

Relax!

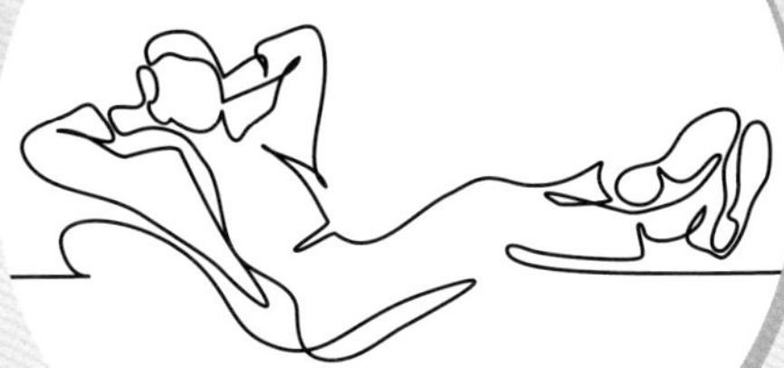

Pull faces

Darum geht's

Die Gesichtsmuskeln zu verziehen und zu aktivieren, dient nicht nur dem Spaß, sondern auch der Entspannung.

So geht's

Lesen Sie die folgenden Anweisungen langsam vor und geben Sie der Klasse Zeit, der jeweiligen Anweisung zu folgen.
OK, let's pull faces! First open your eyes as wide as you can.
Then close your eyes and squint them as much as you can.
Open them again by blinking at least ten times.
Look to the left, without moving your head. Look to the right, look up and down.
Can you squint single eyes? Try to squint only the right eye.
Try to squint only the left eye.
Now do as if you chew a very large chewing-gum.
What can you do with your nose? Can you wide your nostrils?
Try out different nasal cones.
Can you wiggle your ears?
Now try to show several feelings with your face. But: Don't make any noise. Only pull your face.
Imagine you see something that scares you. How do you look?
Imagine you smell your favourite food.
Imagine you get a surprise gift. It's a nice surprise.

Somebody serves you something to eat, that smells really ugly and disgusting.
Last but not least: Imagine you get back your class test. You and your best friend have got the best grade of the class!

Hinweis

Alternativ können sich auch jeweils zwei Partner*innen zusammentun: Eine*r macht eine Übung vor, die nachgemacht werden muss, dann wechseln die Rollen. Insgesamt werden zehn Grimassen gezogen.

Smileys: © Yael Weiss | stock.adobe.com

Brain Gym

Darum geht's

Brain Gym wurde in den 1970er-Jahren von Dr. Paul Dennison entwickelt, aktiviert die linke und rechte Gehirnhälfte durch Bewegung und unterstützt so das Lernen. Selbst wenn Sie von der lernförderlichen Wirkung des *Brain Gym* nicht überzeugt sind: Eine Abwechslung zum Lernen und Sitzen tut auf jeden Fall gut und entspannt!

So geht's

Leiten Sie Ihre Klasse an und machen Sie es selbst vor:
Massage your ears: Start at the top of your ears. Take both ears between your thumb and your index finger and knead your ear. Slowly go downwards and end at the earlobe. Try to yawn by doing this exercise.

Stand up behind your chair. Make sure you have some space between you and your chair. Now let's cross our arms and legs: Move your right elbow to your left knee and your left elbow to your right knee. Change for several times.
Now touch your right foot with your left hand and your left foot with your right hand. Try to do this in front of and behind your body. Change for several times.

Now lift your arms in the air. Move your left arm downwards while lifting your right leg sidewards and back. Change sides. Do this five times at each side.

© Beatriz Gascon J | Shutterstock.com

Lay your right hand onto your left shoulder and press the muscle. Don't do it too hard, but also not too soft, just as much as it feels good. Turn your head to your left shoulder and breathe out.
Breathe in while turning your head back to the front.
Now turn your head to the right shoulder and breathe out again.
If you want to, you can massage your shoulder with your hand on it.
Repeat this exercise four times with your right hand on your left shoulder.
Now do the same with your left hand on your right shoulder.
Breathe in the rhythm with your movements.

Sitting Gym

Darum geht's

Wer viel sitzt, sollte ab und zu seinen Körper aktivieren, insbesondere die Wirbelsäule und die Schultern. Nach diesen Bewegungsübungen ist der Körper entspannter und das Konzentrieren fällt wieder leichter.

So geht's

Führen Sie das, was Sie sagen, selbst auch durch. Damit wird die Anweisung direkt klar und die Übung wird nicht durch Verständnisschwierigkeiten oder Nachfragen gestört.
Let's do some gymnastics to activate on our chair. Stay sitting.
Put your hands over your head and clap.
Go on clapping your hands, move them in front of you, move them behind your chair.
Change clapping in front of you and behind you for three times.
Stop clapping. Now bend to the right as much as you can, but stay sitting on your chair.
Then bend to the left.
Make a cat hump.
Now stretch your arms as high up as you can.
Change the cat hump and the stretch for three times.
Lift your shoulders and let them fall for five times each.

Let your shoulders circle: five times forward and five times backwards.
Move your feet: Put your heel to the bottom, then the ball of the feet. Change for five times.
Now lift your knees: The right knee to the left hand, then the left knee to the right hand. Change for ten times each.
Now try to cycle with your legs forward and backwards. Try to do this without holding on your chair or table.
Finally move your head: Put it down, then carefully to the back, then to the left and the right. Now circle your head in both directions.
Now clap your hands again: Well done!

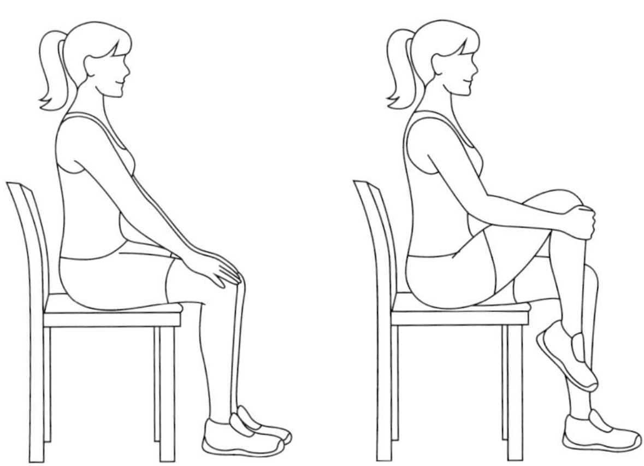

60

What do you hear?

Darum geht's

Wenn es in der Klasse sehr unruhig ist, hilft manchmal eine kurze Ruhe-Übung.

Büroklammer o. Ä.

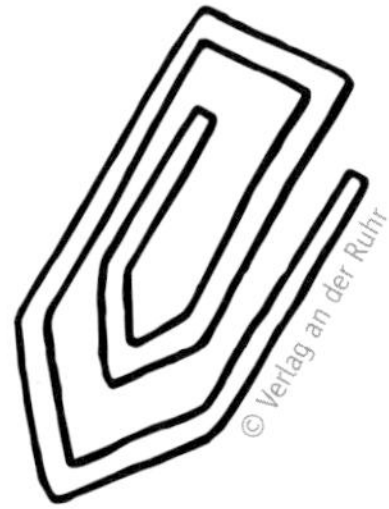

So geht's

Bitten Sie die Schüler*innen, ihren Kopf auf den Tisch zu legen und möglichst die Augen zu schließen.

Listen! What do you hear? Try to remember everything. I will finish the silence by letting drop a little paper clip. As it is really silent, you will hear it. Then you can open your eyes, lift your head and show with your fingers, how many things you have heard in silence.

Lassen Sie drei oder vier Schüler*innen anschließend (auf Englisch) berichten, was sie alles gehört haben.

Produktempfehlung

Arthur Thömmes

Immer ein Ass im Ärmel –
Sinnvolle Lückenfüller für den Unterricht
60 Rätsel, Denkanstöße und Spielideen

128 Seiten, 11,5 x 17 cm
Best.-Nr.: 978-3-8346-4062-8

Das altbewährte Galgenmännchen oder doch vielleicht noch schnell ein Quiz zur Überbrückung? – Nichts von alledem! Wenn noch etwas Zeit ist, Sie eine Stunde kurzweilig einleiten oder abschließen wollen, den Vertretungsunterricht auflockern möchten oder eine Anregung für zwischendurch benötigen, haben Sie ab jetzt immer ein besonderes Ass im Ärmel: 60 Rätsel, Denkanstöße und Spielideen, die Ihre Schüler*innen wahlweise aktivieren oder beruhigen, entspannen, zum Denken und Mitmachen anregen und den Leerlaufphasen im Unterricht neuen Sinn geben.